働きながら
小さく始めて 大きく稼ぐ

0《ゼロ》円起業

有薗隼人

CROSSMEDIA PUBLISHING

はじめに

はじめまして。

株式会社ＧＥＡＲの代表取締役の有薗隼人です。

私は２０１１年に会社を設立し、２０１３年頃からアフィリエイトサイトの作成を始めました。そして、サイトから広告収入を得たり、収益を上げているサイトを売却したりしながら、会社を大きくしてきました。

現在は、スタッフや外注さんを含め20名前後のメンバーで、サイト作成サービスや、サイト売買の仲介業、中古ドメイン販売、リアルビジネスで言うと、婚活アプリや結婚相談所の運営など、多種多様なビジネスを展開しています。

このように、さまざまなビジネスをやっていく中で、既存のビジネス書であまり強調されていないことの中に、とても大切な要素があるのではないかと感じ、本の執筆に至るようになりました。

人生100年時代、年金だけでは老後に必要な費用をまかなえない……と騒がれているこの時代、会社員やアルバイトとして働きながら、別の収入を得るために、起業や副業に興味を持っている人も多いと思います。実際、給料だけで、60代、70代までに2000～3000万円の貯金をできる自信のある人なんて、ほとんどいないと思います。

そして、そんな収入を増やしたいと思う人たちに向けた、「サラリーマンなんてつまらない！」などの刺激的な物言いで起業をすすめる人や本、結構多い気がしませんか？

でも、私はこう思います。

「仕事を辞めて、安定した収入を手放し起業して、もし失敗したらどうするの？」

そこで、まずは、〝**働きながら**〟**やる**。という道があってもよいのではないでしょうか。リスク最小限、退路なんて絶たなくていい。というわけです。

最初から大きなビジネスをやろうとすると、結局本業との折り合いがつかない可能性が高いと思いますし、お金を使いすぎると、仕事をしていても、失敗したときのダメージが大きくなってしまい、働きながらやる意味がなくなってしまいます。

だから、**〝小さく始める〟**。

そこからでも、ちゃんと**〝大きく稼ぐ〟**ことはできます。

私も、元手がほとんどかかっていないアフィリエイトサイトの成功をきっかけに、億単位の取り扱いをするまでに会社を大きくすることができました。そして、これからもっと上を目指す努力をしています。数十億、数百億の金額を動かすビジネスパーソンから見れば小さな数字かもしれませんが、ひとまずの目標としては、悪くない数字かなと思っています。


実体験として、起業や副業は、そんなに大きな話ではありません。誰だってできることです。

誰でもできることを、わざわざ思い切って、退路を断ってやることもありません。「安全策から始めよう」でいいと私は思います。

そういう意味を込めたのが、書名にある**〝0円起業〟**というわけです。

ただ、何かビジネスを始める上で、まるっきり0円とはいきません。

私は、「普通のビジネスなら元手がかかる重要な部分を、0円でできるビジネスのこと」を〝0円起業〟と定義しています。

たとえばアフィリエイトも、商品の製造や仕入れ費用なしで始められます。これも0円起業の一つです。

アフィリエイトに限らず、本編6章では、物件の契約金がかからない飲食店や、人件費がかからない書店など、色んな0円起業の事例やアイデアをご紹介します。

ぜひ、それらの事例を参考に、みなさんも0円起業にチャレンジしてください。お金をかけなければ、うまくいかなくてもダメージは少ないです。どんどんやって、どんどん失敗すればいいと思います。

「これだ！」と決めたビジネスが全部百発百中なんて、よほどの天才でもなければありえません。

私もたくさんの失敗を積み重ねながら、ビジネスをしています。

「失敗は成功の母」と言いますが、実際、失敗から見えてくるものがたくさんあります。でも、たった一度の失敗で立ち直れなくなったら、失敗を糧にできません。だからこそ、0円起業が重要なのです。

みなさんに、絶対に成功する確信のあるビジネスのアイデアがあるなら、私もどうこう言うつもりはありません。そういう人は四の五の言わずに「やる」のみです。

ただ、そうではないけれど、起業や副業に興味がある。でも、一歩踏み出せない、という人も相当いるはずです。

私はそんな躊躇している人に、「ちょっとした挑戦」をしてほしいと思っています。だって、人生は「一度きり」なわけですから。

逆に言えば、一度きりの大切な人生だからこそ、失敗時のダメージを恐れて挑戦を躊躇してしまうわけですが、仕事を辞めずに、小さく始められる副業・起業があります。

そのためのヒントを、本書でお伝えしていきます。

失敗だらけの私でもできたのだから、あなたもできるはずです。

ちょっとした勇気で、人生は変わります。

「やるか、やらないかは、あなた次第」

行動した人にしか、成功はありません。
これから、みなさんが0円起業にチャレンジしたくなる内容を書いていきますので、最後まで読んでいただけると嬉しいです。

2019年9月
有薗隼人

目次

CHAPTER 1

「格差」と「信用情報」があなたを起業家に導く

CHAPTER 2 考えない人が淘汰される時代になる

CHAPTER 3

さまざまな「格差」を利用する

CHAPTER 4

小さく始める

――自分を棚卸しして、「売り」を見つける

CHAPTER 5

大きく育てて、高く売る

——継続・転換・売却。三つの方法

CHAPTER 6
0円起業のヒントを探す
——ケーススタディを真似る

CHAPTER 1

「格差」と「信用情報」があなたを起業家に導く

0 YEN KIGYO

ZERO

棚卸しで自分の武器を見つける

「起業」という言葉、行動を、とても大きなことだと考えている人は少なくありません。興味はあっても「自分には起業なんて無理」と思ってしまう人が多くいます。

でも、そんなことはありません。

私なんて、学生時代から起業家を目指してアレコレと手を出しまくったあげく、300万円ほどの借金をつくってしまい、親に助けてもらったような人間です。でも、失敗があったからこそ、今があります。

小さく始めたほうがいい、という考えも、自分が痛い目に遭って文字通り痛感したことになります。裏を返せば、助けてくれる親がいなかったら、私は学生時代の失敗から、立ち直れなかったかもしれません。

そんな私が言うのだから、それなりに説得力があると思います。

誰でも起業家になれる、とは言っても、成功を収めるのは、簡単なことではありません。

当たり前の話かもしれませんが、ビジネスモデルや、戦略も必要です。

私は必ず、何かのビジネスを始めるとき、

- **得意／苦手**
- **好き／嫌い**
- **儲かる／儲からない**

この三つのものさしに当てはめて考えるようにしています。

自分が得意で、かつ好きで、儲かる可能性がある分野じゃないと、ビジネスはうまくいきません。やりたいことと、できることは違いますし、世の中のニーズも違う。

全ての視点で物事を見るのが大切です。

定期的に色んなビジネスが流行し、それに飛びつく人もいると思いますが、**流行も大切だけど、安易に流されないことも、同じくらい大切です。物事の本質・本流は変わらないところであったりします。**

得意な分野じゃないのに、あるいは好きな分野じゃないのに、話題性に飛びついてしまい、うまくいかなくなった起業家をよく見ますし、あまり話題になりすぎると、すぐにレッドオーシャン化して、競争相手ばかりが多く、すぐに「儲からないビジネス」になってしまう可能性もあります。

この辺の見極めをするには、一つのものさしではいけないと思っています。

なので、「やってみたい」と思うビジネスのアイデアがあったら、まず、この三つ、

- **得意／苦手**
- **好き／嫌い**
- **儲かる／儲からない**

について考えてみてください。

中でも、特にじっくり検討してほしいのが、得意かどうかです。

好きかどうかは、直感的にわかるものです。そして、自分で感じるのが大体合っているものかなと思います。

そして、儲かるかは、正直、やってみないとわからない、というところもあると思います。やってみて問題が多く出てくることもあります。

「どんなビジネスをしようか」と入念に検討することは必要ですが、失敗してもダメージが少ない「0円起業」なら、「儲かりそうだ」と思えたら、一気にやってみてしまうほうがおすすめ

三つのものさし

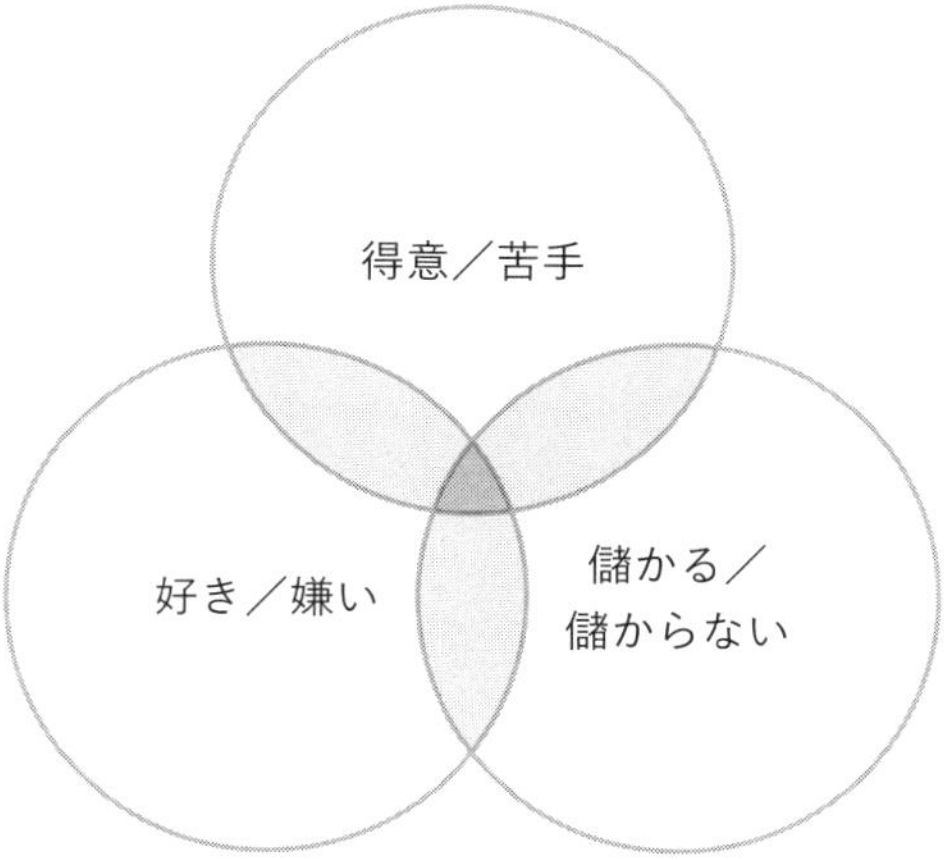

です。この点については、後でまた補足します。

一方、得意不得意については、ちゃんと自分の市場価値を把握できていないことが意外に多いものです。この部分については、好き嫌いとは違い、自分の感覚は信用できないかなと思います。

というのも、自分では得意だと思っていても、周囲の評価はえてして、そうではないことがよくあります。

そこで、副業や起業に興味のある方に、まずやってほしいのが、**「自分の棚卸し」**になります。

これに関しては、なんとなくではなく、徹底的に、

- **自分がこれまでやってきたこと／やってこなかったこと**
- **出した成果／やってしまった失敗**

を洗い出し、ちゃんと見返せる形にまとめてください。

たとえば、こんな表にしてみます。

こうした、自分の棚卸しをすることで、分析能力を高められる利点もあります。起業を考える前に、自身の経歴を棚卸しする。

自分だけではよくわからない場合は、周囲の人に自分の長所や短所を徹底的にヒアリングしてみるのもおすすめです。今はＬＩＮＥなどで、簡単にみんなにアンケートをとれる時代ですので、アンケートを取ってみてもよいでしょう。

また、「棚卸し」というと難しく感じるかもしれないので、「自分はこれ

◎「自分の棚卸し」の表

▶ **自分がこれまでやってきたこと／やってこなかったこと** ex: 複数名のチームをマネジメントした。 ex: やりたかった新事業の稟議が下りなかった。
▶ **出した成果／やってしまった失敗** ex: 難攻不落だったクライアントから受注した。 ex: 工程管理がおろそかでクレームを受けた。

自身のキャリアを思い出して、
成功と失敗の職務経歴を洗い出してみてください。

まで何をしてきて、何を語れるのか」という視点で考えてみるのもいいと思います。体験に勝る話はありません。

たとえば私は、婚活アプリを7年ほど使ったことがあり、実際にアプリで知り合った子とお付き合いしたこともあります。

このエピソードは、経験したことのない人には語れない話です。

その経験もあり、私がやっている会社では、婚活サイトや結婚相談所の運営もしています。自分自身の体験があるからこそ、提供できるサービスがあるということになります。

体験談は、いいエピソードである必要はありません。むしろ、失敗談こそ、ビジネスの種になるというケースもあります。

先ほども触れたように、私は大学時代に約300万円の借金をつくってしまったこともあり、過払い金が出るのかなという淡い期待もあって、一度27歳くらいの頃に債務整理も経験しています。

ＣＭでよく見かけるアディーレ法律事務所にお願いしたのですが、債務整理をするとき、

・どんな手順を踏むのか
・ブラックリスト入りすると、どんなことがあるのか
・実際に債務整理をすると、どのようなことになるのか

など、生々しい経験をしました。

今でこそ、その後ちゃんとしようと思い、信用情報を積み重ね、AMEXなどのクレジットカードでそれなりの融資枠も持っていますが、債務整理後にカード一枚つくる際の苦労も、実感を込めて語れるエピソードです。

このように、失敗なんて誰にでもあります。それをネタにできるくらいの勇気や行動力が、起業においては重要なのかもしれません。

マイナスな経験でも（むしろ、それこそ）、面白おかしく、SNSやブログ、実生活で表現できれば、マイナスと思っていたものが、プラスに転化できるようになります。

起業や副業を考えるなら、まずは流行りのものに飛びついたりするのではなく、**「原資」は自分。**

いい点も悪い点も、恥ずかしい点も含め、このような自分の棚卸しから始めましょう。

それが、あなたの武器になります。

column

マイナスはむしろいいこと

私は昔、遊び過ぎたせいもあり借金が300万円以上あったこともありました。でもこれって、一生ついてまわるウィークポイントではなく、むしろプラスに転化できます。

というのもアフィリエイトやネットビジネスで稼ごうと思った際には、実体験があること、経験があることなどがプラスに作用するからです。

そう気づいた私は、自分のウィークポイントやストロングポイントを書き出してみることにしました（気が乗らないかもですが、あえて弱点を挙げるのが、けっこう重要です）。


【ウィークポイント】

・背中が汚い
・足が臭い
・寝ているときのいびきがうるさい

・寝ているときの顔がひどい
・家が汚い
・債務整理をしたことがある
・CICなどの情報信用機関に問い合わせしたことがある
・借金があった
・クレジットカードの支払い遅れがあったことがある

【ストロングポイント】
・電話のみで1億円以上売り上げたことがある
・会社として年商1億円を達成したことがある
・月商数千万円いったことがある
・サイト売買の経験がある
・アフィリエイトの経験がある
・カーシェアをよく使っている
・クラウドソーシングをよく使っている
・飲み会が好きである

このように挙げていくと、一つぐらいは自分だけのエピソードが語れるネタが出てくるものです。

転職癖のある人なら、転職経験が。アイドルの熱狂的ファンであるなら浪費の過程が。あるいはディズニーランドの抜け道を知っているとか、メルカリで上手に売る方法を知っているとか、そんな経験・知識があれば、「ウケるコンテンツ」がつくれるはずです。

あと、あなたにコンプレックスがあるなら、それを〝バネ〟にするどころか、最強の「売り」になります。

・**ハゲている**
・**鼻毛がすごい**
・**うぶ毛がすごい**
・**一重である**
・**いびきがうるさい**
・**口臭がすごい**

こういう材料があれば、口ごもることなく、むしろネットで公言し、広めるくらいのマインドリセットに挑戦してみてください。

インターネットの世界では、自分と同じような悩みで悩んでいる人がごまんといることがよくわかります。自分の悩み解決とともに、そんな人たちの悩みを解決するようなサイトをつくってみるといいのではないでしょうか？

同じ悩みを持つ方々を対象に、自分の実体験を元に情報発信をすれば、「いくら払ってもこの情報が読みたい、買いたい」というファンが現れます。

実は、マイナスな経歴や経験ほど、強烈なプラスポイントに転化できるのです。悩んでいることや、語ることがない状況のほうが大変だと思います（何十年も生きていたらそんな人なんていないと思いますが）。

マイナスなことをマイナスと捉えなければ、プラスに活かすサービスづくりや、コンテンツづくりは必ずできます。

信用情報チェック

その次に、知っておきたいのは、**「自分への信用度」**です。

たとえば、節約料理が得意なAさんが、原価が激安で、価格も激安な節約メニューの飲食店をやりたいと思ったとします。

この場合、一番シンプルなやり方は、Aさんが実際にお店をオープンして、売上や知名度を上げることです。

でも、これだと、非常にお金がかかります。

飲食店経営は成功率が非常に低い業態だと聞きますし、働きながらやるのも大変だと思います。

働きながら、小さく始める「0円起業」とは正反対の方向性です。

では、節約料理が得意なAさんは、他に信用情報を積み重ねる手段がないのか、と言えば、そんなことはありません。

実際にビジネスを始めなくても、SNSなど、インターネットで発信するだけでも、信用情報は積み重ねられます。

節約レシピのレシピを写真や動画で発信する、ツイッターやユーチューブ、インスタグラムのアカウントをつくり、発信を重ねてフォロワーを増やしたり、バズを生めたら、立派な信用情報となります。

SNS上で有名になれれば、出版の依頼などが来ることも考えられますし、実績を重ねれば、店舗開業に必要な出資をしてくれる投資家も現れるかもしれません。

ツイッターやインスタグラムでバズりにバズって、1年に5冊のレシピ本を出版し、2019年8月時点でフォロワーの合計数（ツイッター＋インスタグラム）が120万人を超えている「リュウジ」さんなど、その最たる例です。

ちなみに、検索ワード「節約レシピ」でツイッター検索をしたところ、すでにフォロワーが数万人いて、本も出版されている方もいたのですが、まだまだやりようがあるジャンルな気がしました。

具体的なお金の言及をしているアカウントはあまりないような気がしたので、毎回料理写真と一緒に「いくらかかったのか」がわかるレシートなどの写真もアップし、「1か月の夕食費5千円チャレンジ」的な企画で連日投稿、などすれば目立ちやすいのではないでしょうか。ぜひ気軽にパクってください（笑）。

極端な話、今の時代はSNS上で信用を確立し、ファンをつけられたら、ある程度何をやってもうまくいく時代かなと思います。「自分株式会社」なんて意味合いの言葉もありますが、自分のブランディングをしていくために信用を積み重ねることが重要だと考えます。起業はその延長線でもあるように思います。

2018年7月、印象的に感じたのが、インフルエンサーの「ゆうこす」こと菅本裕子さんが、ハワイで見つけた麦わら帽子を自分用だけでなくフォロワーの分も購入し、インターネット配信経由で販売したことです。

20時45分から商品紹介の配信を始め、21時から販売を開始して、5分で完売してしまったそうです。

自分なりの強みを見つけたら、まずはSNSで発信する。これも「0円起業」のはじめの一歩です。

副業を〝ビジネスネーム〟でやる実験

私は有薗隼人という本名で会社を運営していますが、みなさんにおすすめしたいのが、副業や、それに関連するSNSを始めるときに、〝ビジネスネーム〟をつけて活動することです。

それも、完全にハンドルネームのような名前で十分です（私もアフィリエイトなどの活動をまとめた【アフィマニ】というサイトを持っていて、ハンドルネームにもしています）。

先ほど触れた、リュウジさんのレシピ本の著者名が、「リュウジ」であることに疑問を感じる人などいません。SNS上で、ビジネスネームで有名になることができたら、そのまま世に出ればいいのです。

サイト https://afimani.net/　ツイッター @afii_mania

本の出版にあたり聞いた編集者さんの話だと、数年くらい前までは、ブログやSNSで有名になった人の本は、本名やそれっぽい筆名で出るのが主流であったようですが、インターネットの価値が相対的に上がった今では、ハンドルネームで有名になった人は、ハンドルネームのまま世に出ることが多くなっています。

たとえば、ダルビッシュ有選手にアドバイスし、変化球に〝お股ツーシーム〟と名前までつけられた『セイバーメトリクスの落とし穴』(光文社)の「お股ニキ」さん、サッカーの戦術分析のブログで有名になり、『アナリシス・

◎ アフィマニ

私のやっているサイトのひとつ、「アフィマニ」です。読者の方で顔出しをしたくない場合は、こんな感じでキャラクター設定して、自分をブランド化する方法もあります。

アイ』（小学館）を上梓した「らいかーると」さんなどは、5～10年くらい前なら、出版社が著者名を変えたがっただろうと思います。

私がビジネスネームをおすすめするのは、主にマインドセットを変える点で効果が大きいと考えるからです。

ビジネスネームの元ネタでもある、「レンタルのニッケン」のウェブサイトにある、「ビジネスネームとは？」という解説文を引用させていただきます。

会社は劇場、社員は役者

レンタルのニッケンでは、全社員が本名ではなく、ビジネスネームで仕事に取組んでいます。

芸能人でいうところの〝芸名〟といえばおわかりいただけるでしょうか。

私たちがビジネスネームを導入した最大のねらいは、公私の区別を明確にすることにあります。

社員一人ひとりが様々な思いをこめて名前をつけ会社という劇場で仕事という芝

居を演じる役者になりきるわけです。

名刺交換の際のインパクトもなかなかのもので、今や当社のユニークさを象徴する制度となっています。

(https://www.rental.co.jp/company/bisname.htmlより)


レンタルのニッケンの社員さんが、本名とビジネスネームで公私の区別をつけるように、本名で社業、ビジネスネームで副業などの区別をつけるのも一つの手です。

そうすれば、文字通り役者のような気分で吹っ切れると思います。SNS上での発信なども、気軽にやりやすくなるのではないでしょうか。


0円起業のために、「別人格」をつくる、装う、演技する、そんな感覚を持ってもいいのではないでしょうか。

正直、遠慮や奥深さは、ビジネスで成功するには邪魔になることもあります。

たとえば、幻冬舎のスター編集者・箕輪厚介さんは、アンチも相当数いるはずですが、押し出しの強いキャラクターが苦手な人のインプット習慣にも割り込んでくるくらい、箕輪さんが全方位的に目立つ言動をしているから、アンチがいるのだと思います。

もちろん、差別的な言動などの純粋な炎上はNGだと思いますが、ビジネスシーンやSNS上で目立つには、行動力や発信力が必要不可欠なのです。

目立つのは好きではないけれど、将来の不安から、起業や副業に興味を持っている方も多いでしょう。そんな方でも、別人格と割り切れば、臆せずに自分を出しやすいはずです。

加えて、ビジネスネームはリスクヘッジにもなります。「起業して失敗したら恥ずかしい」と思う人は、ビジネスネームで始めて、失敗したら別のビジネスネームでやり直せばいいだけのことです。

大抵の経営者は、成功するまでに、何度も失敗を経験しています。私自身も完全にそのタイプです。「いざとなったら、別人格としてやり直せばいい」と思えると、起業や副業への精神的なハードルも低くなるのではないでしょうか。

column

サッカー選手とアフィリエイター

もうずっと昔の話になるのですが、私のやっているサイト「アフィマニ」（https://afimani.net/）で「サッカー選手とアフィリエイターは似ている」といった内容の記事を書いたことがあります。

アフィリエイターは、始めて半年から1年くらいは利益が出ないことも当たり前の、すぐにお金にはならない地道な仕事です。同じように「0円起業」もすぐにお金にならないものもあるでしょう。

でもこれって、野球選手でもサッカー選手のような仕事でも同じだよな、と思います。最初からお金目当てでやってしまうと続かないのですが、それが楽しくて続けていれば、いつか実をつけたり、花が咲いたりしていくものです。

また、そもそも最初から好きでないと続けられないものです。

私は昔、サッカー選手になりたいと思っていたのですが、結局そこまでの実力はなく、プロにはなれず、でもサッカーをすること自体が好きだったので、大学まで続けられました。

この間、当然プロではないので売上のようなものは1円も発生していません。でも、好きだからこそ、約15年続けることができました。

このようにビジネスにおいても、好きなことがあって、「面白いなー」と思いながら取り組めれば、売上が立たなくても続けられることがあると思います。ただ、それが苦痛で苦痛でしょうがないようなら、すぐにでもやめたほうがよいと思います。

さらに、得意でないと上手になるまで時間を要してしまいます。

私は15年、好きでサッカーを続けていましたが、ビジネスでただ「面白いなー」と、15年とは言わなくても、数年やり続けるのは問題です。

どんなビジネスでも、半年から1年くらいは稼げない時期が続くものです。ただ、何年経っても1円も売上がないようなら、そのビジネスはあなたに向いていません。すぐに他の事業を考えたほうがいいと思います。

あくまでも売上というのは「結果」であって、「行動」の後についてくるものです。

さらに、その行動を一生懸命やったか、それが得意なものか、といった要素も結果に関わってきます。なので、結果が出ない時期があっても、「サッカー選手のようなものだよな〜」といった感覚で楽しみ、結果はいずれ出せると信じながら取り組めるものを、ビジネスとして選んでいくとよいのではないでしょうか。

失敗を恐れずに、どんどんやる

ビジネスの世界では、百発百中の成功など、ありません。

私から見れば、羨ましいレベルの成功を収めている経営者の知人の話を聞いても、みなさん何度も痛い目に遭って、それでもゾンビのように何度も復活し、失敗を成功の母としています。

だから、失敗しても致命的なダメージにならない「0円起業」で、小さなチャレンジをどんどんしていけば怖いものはないと思います。

たとえうまくいかなくても、会社員やアルバイトではできない経験ができます。ロールプレイングゲームにおける、モンスターとの戦いと考えてください。経験値はもらえて、レベルは確実に上がるので、決して無駄ではありません。

先ほど、やりたいビジネスが儲かるかどうかについて、「儲かりそうだ」と思えたら、やってみてしまうほうがおすすめだと書いたのも、そのためです。

最初の一歩を踏み出す勇気がないと、そもそも成功に近づくことはできません。

逆に言えば、失敗を恐れて何もできない人は、絶対に成功できません。

誰でも成功できるわけではありませんが、レベルを上げれば上げるほど成功する確率は上がります。自分を鍛えながら、あの手この手でビジネスをやればいいのです。

「何をやればいいのか思い浮かばない」という方は、自分の棚卸しをして、とりあえずSNSで信用情報を積み重ねてください。

「信用情報につながるような、面白い発信ができない」と思うなら、それができるように、インプットとアウトプットの練習をすればいいのです。

定期的に、興味深い内容でツイッターやブログなどの更新をするのは、間違いなく大変なことですが、ビジネスで成功するのはそれ以上に大変です。

結局のところ、このようにして自分のレベルを上げるしかありません。

SNSで信用情報を積み上げる自信がなければ、そうできるように努力する。ビジネスで成功する自信がなければ、そうできるように努力する。話としては、非常にシンプルです。

そして、レベルを上げるには、失敗を恐れずに、どんどんやるしかないのです。

生まれついての天才がいないとは思いません。でも、みなさんのSNSで目につく、ガンガン発信をしている人たちの多くは、どんどんやった結果、そのレベルまで経験値を積み上げ、レベルアップしてきた人だと思います。

行動力があるから、そこまで行けるのです。

私も学生時代から相当にやらかしていましたが、それでも色々とチャレンジすることだけは続けてきました。ある程度結果を出せた今になって初めて、そうやってやり続けることが大きかったのだと実感しています。

私が自分の恥を積極的にさらすのも、「起業はそこまで大それたものではない」とお伝えしたいからです。学生時代に失敗しまくった人間でも、ビジネスで成功することができるのです。

世間一般に、「成功する経営者は特別な存在」というイメージがあると思います。

でも、そう思われるのは、一度の失敗で大きなダメージを負って、「起業は難しい」と諦める人が多いからではないでしょうか。

成功する経営者も、その後、どうにかリカバリーしているだけで、ほとんどの人が手痛い失敗を経験しています。

打席に立ち続けることさえできれば、いつかヒットやホームランは出るはずなのですが、そもそも失敗を恐れてチャレンジできない人が多いと思います。でも、働きながら小さく始める0円起業なら、仮に失敗してもダメージが小さいので、また打席に立つことができます。

とにかく、失敗を恐れずチャレンジすることです。

column

正しい方向に手数を多く出す

とにかく手数や行動量が上がれば、それに比例して結果が変わってくるものです。この行動力がない人が多いので、これが第一段階のアドバイスです。

もう一つ上位になると、正しい方向に手数を伸ばす戦略が必要になります。たくさんの手数を出せていても、方向性が間違っていれば、効率はどうしても悪くなります。

では、「正しい方向」はどのようにわかってくるのでしょう。

身もふたもない話ですが、ビジネスに一発必中なんてものはありません。

失敗を何度も積み重ねて、方向転換しながら正しい方向に導いていくよりほかありません。

ただ、方向転換の精度を高めることはできます。成功者を真似たり、質のいい情報を得たりすることで、効率が高まり、無駄を省けます。

一度、正しい方向の照準が合うと、努力すればするほどお金が稼げる良いスパイラルが生まれます。ここまで到着することは、さほど難しいことではありません。失敗を重ねた分だけ、確実に近づくことができます。

たとえば私の会社ではSEOのマニュアルやノウハウを、レポート（教材）という形でメルマガ読者に販売することがあります。

さまざまなレポートを、14800円〜29800円くらいの価格で販売していますが、すでに累計で3000万円以上売り上げ、弊社の柱になっている人気商品です。

このレポートも、そういったものに興味のない人にアプローチしてしまう＝正しい方向が見えていないと、全く相手にされず、売り上げも出ないでしょう。

実際、私も最初は、闇雲に売ろうとしていたので、失敗してしまうこともありました。

しかし、失敗を重ねた今では、ファンになってくださっている方がいることや、同じ業態の、属性の近い方にアプローチできており、順調なサービスができています。

一つ商品をつくったとして、「誰に売るのか」「誰だったら興味をもってくれるのか」というところを見極めなければ、たとえそれが優れた商品であっても、全然売れずに終わってしまいます。

同じように、ビジネス全般で、正しい方向で努力をしないと、その努力が無駄になってしまうことは数多くあります。

趣味ならそれでもいいですが、ビジネスで考えたときは、常に「その努力が正しい方向に向いているのか」をしっかり意識していくようにしましょう。

0円起業の秘訣は「格差」

自分の「得意」なこと、「好き」なことを見定めて、どんなビジネスをやればいいのかを考えるとき、重要な着眼点が「格差」です。

「格差」と言うと、収入などの「経済格差」を思い浮かべる方が多い気がします。でも、ビジネスを生む格差はそれだけではありません。

物価や距離、価値観など、自分のいる場所と、他の人のいる場所で明確に違うものがあれば、「その格差を埋めたい」という欲求が生まれます。

ドラッカーは企業の目的は「顧客の創造」と定義していますが、商品やサービスは、顧客の欲求を満たすためのものです。ビジネスチャンスは欲求がある場所に隠れているのです。

そして、欲求を生むのが格差、というわけです。

当時は、そんなことを自覚していたわけではありませんが、学生時代の私も、格差を使ってお小遣い稼ぎをしていました。

お正月に渋谷の人気アパレル店で、人気のありそうなダウンジャケットが入っている福袋を購入し、インターネットで販売していたのです。いわゆる**「せどり」**です。

せどりに悪いイメージをお持ちの方も多いと思うのですが、法律に触れるような転売や、競争率の高さを背景に、元値の何倍、何十倍もの価格を設定する悪質なものでなければ、立派なビジネスだと思います。

なぜなら、せどりは、格差から生まれる顧客の欲求を充足させているからです。

たとえば、古いスマートフォンを使っている人が、新しい上位機種に機種変更したとします。

古い機種と新しい機種には、当然ながら性能差があります。これも一種の格差なのです。

その差を埋めたい人に、スマートフォンを売るのは立派なビジネスです。

一方、誰かが出品した福袋の商品を購入したい人は、お正月に買い物に行く「時間」がなかったり、「距離」の格差があって、自分で買いに行くのは難しい場所に住んでいたりするわけです。また、新品で買うのが難しい、交通費を出すのが難しい、といった経済格差もありますね。

たとえインターネット上で販売する人が、少々の利益を乗せていたとしても、買い手が自分でその福袋を買いに行くためのコスト＝格差を埋めるために必要なコストと比べて「得だ」と思える値段なら、双方にとってウィンウィンの取引になります。

そもそも、せどりでよく扱われる本・ＣＤ・服・日用品などは、売り手と買い手がウィンウィンになる値段じゃないとまず売れません。私の売り出した福袋も、２倍の価格で売れたのですが、購入者は喜んでくれました。

いかがでしょう。こう考えると、せどりも立派なビジネスだと思えませんか？

少なくとも、格差と欲求が、利益を生む何かにつながる、ということはご理解いただけたと思います。

起業や副業をしたいけど、具体的なイメージがないという方は、身の回りにある格差に注目してみてください。

格差については、後ほど3章で、より詳しく見ていきます。

column

マイナスの経験から学ぶ

せどりをやっていたときに、倒産する古本屋さんの蔵書を20万円で引き取ったものを、結局1点1点売るのが面倒くさくなり、5万円で売り払い、15万円の大損をしたことがありました。

でもこれ、私の中では今、マイナスなことだとは捉えていなかったりします。

というのも、20万円で引き取ったものを5万円で売り払い、確かにそのときは15万円の損こそしましたが、流通の流れを知ったというか、「今度はこれの逆をやれば儲かるんじゃないの？」という勝ちパターンを見つけたような気がしたからです。

当時の私は学生で、お金もあまりなかったのですが、同じようなことをしている学生を見つけて本を買い取れば、20万円ではなく5万円で大量の本を仕入れられます。あるいは、当時と同じようにまとめて売り払うとしても、5万円ではなく25万円で引き取る人を探すなどして、その差額さえプラスになれば「儲かる」、というヒントを得ることができたように思ったのです。

つまり、何のビジネスでもそうですが、そこには流通という、モノ（価値）とお金の交換というがあり、これの収支がプラスになりさえすれば、自分はどんどん儲けることができる、ということを知ったきっかけになったのです。

なので、今ではいい勉強になったと、その損した15万円を勉強代と思っています。失敗を糧にするのも、自分次第ってことかもしれません。

CHAPTER 2

考えない人が淘汰される時代になる

0 YEN KIGYO
ZERO

「会社員」という職業がなくなる時代がくる

1章では、「誰でも起業家になれる」とお伝えしました。

続く2章では、「誰もが起業家になるべき」という話をさせていただきます。

正直に言って、そもそもこれからの時代は、なれる／なれない、という問題ではなく、（起業までするかはともかく）何かしらの副業を絶対にやっておくべきだと私は考えています。

これから、私たちの「働き方」は、根本的に変わっていきます。

ＡＩが進歩したら、これまで多くの会社員やアルバイトがやってきた仕事の多くが自動化されると言われていますが、２０１９年、なかなか衝撃的なデータが発表されました。

NTT、NTTデータ、クニエの3社が、2018年7月から2019年3月まで、横浜市役所と共同で実施した作業の自動化（RPA＝Robotic Process Automation）の実験を行ったところ、RPAを試験導入した業務で、平均84・9％、最大で99・1％の作業時間削減効果が確認されたそうです。

よく言われているのは、機械が人間の仕事を代替することで、私たちは企画や商品の内容を考えるなど、クリエイティブな、人間にしかできない仕事に集中できる、というものです。

これは、その通りだと思います。

でも、この実験結果のような作業時間削減が日本中で実現したら（全ての仕事に当てはまるものとは限りませんが）、未来のオフィスは、私たちのイメージする一般的なオフィスの風景とは、まったく違うものになる気がしませんか？

たとえば、**9割の社員やアルバイトの手が空いたとして、それだけの人員が、全員クリエイティブな仕事を割り当てられると思いますか？**

私は正直、難しい気がします。

「クリエイティブな仕事」をザックリ定義してしまうと、「○○をする」というタスクの、〝○○〟が何かを考え、決定し、細部を詰めていく仕事だと思います。「船頭多くして船山に登る」ということわざがあるように、企画の根本的な部分を考える、創造性の中心を担う役割は、基本的に一人か少人数だと思います。

たとえばデザインなど、つくること自体がクリエイティブな仕事で、たくさんの人が関わる大きな案件があったとしても、トップにクリエイティブ・ディレクターがいて、その人が大枠を考え、それを実現するために、たくさんのデザイナーなどが働く――という形のはず。

それに、仮にクリエイティブな仕事に多くの人手が求められたとしても、事務処理能力には長けているけど、クリエイティブは苦手、という人もいるでしょう。

そんな未来で、今までと同じように、会社で働き続け、給料をもらい続けることは、自動化が進んだ未来のオフィスでは、かなりレベルの高い話だと思います。

このように考えると、「会社員」という職種自体が、なくなる可能性もあるでしょう。

また、なくならない場合も、特別な職業になる可能性は高いと思います。未来のオフィスには、「自分にできること、機械に代替できないこと」を考え、実践できる人しか求められず、「適当にやって給料がもらえればいい」と考える人の居場所はなくなるのではないでしょうか。

そうなったら、将来、クリエイティブな人材であふれ、逆に、単なる「会社員」が憧れの職業となり、「大人になったらサラリーマンになりたい」と、小さな子どもが目を輝かせる……。そんな時代が来るのかもしれません。

自分の意思と〝外注思考〟で人生を切り拓く

一見、ネガティブな話から始まったように感じられるかもしれません。今会社員の方が、「今後会社員は特別な職業になる」と言われたら、不安に思うかもしれませんね。でも、私はむしろ、チャンスだと考えています。

会社員が減ると、必然的に、フリーランスや個人事業主が増えることになります。会社員の立場から見ると、フリーランスは単なる「組織に所属せずに働いている人」に見えるかもしれないですが、違うと思います。

フリーランスとは、私たちがやるべきこと、やりたいことを、代わりに請け負ってくれる人たちなはずです。

ここで、みなさんにお伝えしたいのが、**〝外注思考〟**という考え方です。

もしかしたら、みなさんも社内で手が足りずに、仕事の一部を他者やフリーランスに外注したことがあるかもしれません。

このように、「外注」は他者に仕事を頼むときに使われることが多い言葉ですが、私は「自分でやれること」に対して、**「代替手段を用いること」を、全て「外注」**と考えています。

コンビニでご飯を買うのも、私の自宅から、歩くと2時間くらいかかる渋谷に電車で行くのも、洗濯板でゴシゴシする代わりに、全自動洗濯機で洗濯するのも、全部外注です。洗濯後は、乾燥機にも外注できるとなおよいですよね。

人類の進歩の歴史は、「外注できること」を増やしていく歴史であったと言っても過言ではありません。

外注には基本的にお金がかかります。だから、「全て外注すればいい」とまでは思いません。

交通手段なら、飛行機や新幹線、タクシーに普通電車といったように、同じジャンルの外注でも、速度や質によって値段もさまざまです。

とはいえ、基本的には、金銭的な問題がなければ、現時点でも大抵の物事は外注できる社会です。そして、今後は、さらに増えていくでしょう。VRが進化すれば、AIと本気で恋愛したり、実質上の結婚生活を送ったりと、恋愛すら外注可能になるかもしれません。

そして、「狭義の外注」とも言える仕事の外注も、すでにかなりの範囲で可能です。

今後、会社員が減り、フリーランスが増えていけば、その選択肢はどんどん広がっていきます。自分の仕事の一部を、助けてくれる人の選択肢が増えるわけです。

これは、会社やアルバイトでやる仕事に限った話ではなく、副業にも言える話です。

私が起業して痛感したのは、お金を大きく増やすには、**「お金でお金を生む」**しかない、ということです。

自分の労働力や時間を使って得られるお金には、天才起業家でもない限り、限界があります。

私は会社員時代、営業マンとして、年間で約7000万円の売上を立てていましたが、給料は600万円ほどでした。悪い金額とは思いませんが、もっともらえてもよいのでは、といつも思っていました。

そこから給料が上がっても、せいぜい1000万円くらいでしょうか。仮に社長になっても数千万円。外資系企業の超一流のエリートでも同じくらいでしょう。

要するに、私たちがそれ以上の年収を稼ごうとするなら、お金でお金を生むしかないと思うのです。

——と言っても、だから株式投資をやろう、と言いたいわけではありません。

投資も手段の一つですが、私が言いたいのは、**「仕事の外注」も「お金でお金を生む」手段である**、ということです。

これから、良くも悪くも会社員は減り、仕事の外注の選択肢がどんどん増えていくはずです。

これを、活用しない手はありません。

また、そもそも外注思考で行動できないと、今後は色々と厳しい時代になっていくような気がしています。

私自身はチャンスと捉えますが、チャンスとピンチは背中合わせ。先ほど「良くも悪くも」と書いたように、起業のようなチャレンジを好まない人も、ＡＩの進化によって職を失う未来が来るかもしれません。

私はむしろ、ここまでお読みいただき、「そんなの嫌だな。ずっと今の会社がいいな」と感じる方にこそ、お金でお金を生む手段を、今のうちに模索してほしいと思っています。

「働き方改革」が話題になりましたが、政府が副業禁止の企業に、副業解禁を奨励しているのも、**「本業だけで生きていけない時代」**が到来しつつあるからだと思いませんか？

そして、そんな時代を乗り切るには、今から備えるしかありません。実際にそんな時代が訪れてから、初めてフリーランスとしての生き方を模索しても、先行者たちに追いつくのは難しいでしょう。

でも、少なくとも現時点では、機械で代替可能な仕事でも、人に任せ、給料を払ってくれる企業や職場がたくさんあります。

別に、会社を辞めてチャレンジする必要もありません。

働きながら、小さくビジネスを始めて、お金でお金を生む手段を探っていきましょう。考え方によっては、今は給料という保険を得ながら、フリーランスとしての経験値を積める最後の時代かもしれません。

まだ自社が副業禁止という方も、会社バレしたときの責任は負えませんが、ビジネスネームでこっそりやってしまったほうがいいと思います。会社は、あなたの人生の責任をとってくれません。

副業に挑戦し、それで成功したら、会社を辞めて、収入額の天井がない世界にチャレンジするもよし、ダブルワークを続けるもよし。逆に、全然うまくいかず、「自分には会社勤め以外は難しい」と感じることもあるかもしれませんが、そうなったらそうなったで、会社で生き残れるように、全力で取り組むきっかけにもなります。

要するに、選択肢は「会社員であることを全力で維持する」でもいいんです。

肝心なのは、**自分で考え、決断すること**です。

働き方が劇的に変わる未来において、自分の人生は、自らの意思で切り拓くしかありません。

ＡＩが淘汰するのは、「考えない人」です。

今、将来のことを考え、起業や副業について考えるみなさんは「考えて行動できる」方々です。

「考えて行動できる人」は、たとえ今、機械が代替可能な仕事に従事していても、自動化が進む社会で、自分がどうすれば稼ぎ続けられるかを考え、対策を講じられるはずです。

もちろん、その対策としては、働きながら0円起業して、小さく始めるのがおすすめです。

そして、小さなビジネスを大きく育てるには、外注思考を駆使して、お金でお金を生むことが必要不可欠です。そのやり方については、4章で紹介します。

column

頭のフタを外す

このメッセージが、本書で一番伝えたいことと言っても過言ではありません。

私も、短いながら会社勤めを2年半やっていたので、思考が凝り固まって、なかなかこの発想に至るのには苦戦したのですが、「お給料があなたの価値を決めている」のではありません。

私は会社員時代にそこそこいいお給料をもらっていましたが、それでも絶えず「足りない」と思っていました。その結果、自分でやるという道を選ぶのですが、自分でやっていくと上限はありません。

毎月30万円だったお給料が、自分でやれば200万円、300万円稼げることもビジネスではごく自然に起こり得ます。

私がアフィリエイトに出会ったときに知り合ったすごい経営者は一人月収5000万とか、〝わけのわからない金額〟を稼いでいましたが、ネットビジネスの世界では当たり前にあり得ることです。

サラリーマンをやっていると、どうしても今の自分のお給料がイコール今の自分の能力、と思ってしまうことがあります。

でも、これは全然違います。それはなぜか？

お給料は、会社が勝手に決めているだけに過ぎないからです。本当は、自分の能力にもっと適した場所に行けば、月に1000万円稼げるかもしれないし、あるいは1億円になるかもしれません。

自分で自分の頭にフタをし、「そんなの無理だ」と思ってしまうことが、一番モッタイナイ思考です。
そんな「頭のフタ」は、一刻も早く外してしまいましょう。

〝兵隊思考〟からの脱却。「仕事」は「楽しい」からがんばれる

〝外注思考〟の導入に加えて、もう一つ、意識してほしいのが、**〝兵隊思考〟**からの脱却です。

私は、昔から独立してビジネスをやりたい、と思っていたのですが、もう一つ、教師という仕事にも憧れがあり、大学は教育学科に通っていました。

そこで学んだ、日本の教育制度の変遷が、強く印象に残っています。

大前提として、男女不平等、教育の機会の不均等など、現代とは比べものにならな

いほど問題も多かったとは思います。

ただ、第二次世界大戦後にGHQが「6・3・3制」を導入するまでの日本の教育制度は、それを最大限享受できる人間にとっては、飛び級があるなど、柔軟性のあるシステムでした。医師でもあった文豪・森鴎外は、第一大学区医学校（現在の東京大学医学部）本科を19歳で卒業しています。

それが、四角四面なシステムになってしまったことで、子どもが型にはめられる格好になり、スティーブ・ジョブズやビル・ゲイツのような、イノベーターが生まれにくい土壌になってしまったのだと思います。

もちろん、このシステムは悪い面だけではありません。

「型にはめる」と言うと、良くないイメージもあるかもしれませんが、多くの人を、ある程度同じレベルまで成長させるのには適しています。会社のためにバリバリ働いてくれる「モーレツ社員」がたくさんいて、平均点の高い商品を大量生産すれば、世界で勝てた時代には合っていました。高度経済成長の立役者とも言えます。

私の言う〝兵隊思考〟とは、この時代に育まれた考え方です。

仕事で言うなら、与えられた仕事を忠実に、ある程度の高い質でこなすスタイルです。「兵隊」という言葉のインパクトが強すぎるかもしれませんし、他に適した言葉もあるかもしれませんが、私は「与えられた司令を唯々諾々と受け入れる」立場をそう定義しています。

これは、あえて良くない言い方をすると、働きアリのような働き方です。忠実に、するべきことをできるのも、大事なことです。実際、日本の教育水準の高さは、世界的にも評価されています。

ただ、すでに述べたように、多くの仕事が機械で代替できる時代になると、それだけでは難しくなると考えます。

その時代に求められるクリエイティビティとは、**働きアリの働き方をデザインできる能力**ではないでしょうか。

そして、未来の働きアリは、そもそも人ではなく、機械であるのかもしれません。

今後、その流れに対応する動きも出てくるかもしれませんが、今のところ、公教育にクリエイティビティを伸ばすカリキュラムを期待するのは難しい気がします。それに、素晴らしい教育改革が実現したところで、公教育を卒業している、私や多くの読者には関係のない話です。

要するに、未来の働き方に対応できる人間になるためにも、自分の意思で自分の人生を変えていくしかないわけです。

そして、そのためには、〝**兵隊思考**〟**から脱却**しないといけません。ポイントは二つあります。

それが、**「仕事をすること」**と**「楽しくやること」**です。

ここで言う「仕事」とは、自分にしかできないことや、自分がやるべきことです。

私が尊敬する経営者のYさんは、よく「仕事と作業は違うよ」と言っています。

普段、給料をもらいながらやっている仕事が、本当に「仕事」なのか、それとも、単なる「作業」なのか。

この二つは、外注できるか、できないかで、簡単に判定できます。

基本的には、外注か自動化で対処可能なものは「作業」と考えてOKです。私も、自社のスタッフには「自分じゃなくていいと思う作業は、どんどん外注していい」と伝えています。本当に自分がやるべきことに時間を使ってほしいのです。

そして、次に大事なのが、「楽しさ」です。

自分が「作業」ではなく、「仕事」に集中できる立場だったとしても、楽しいと思えないことは、正直言って続きません。

できるだけ、楽しくやれるものを見つけましょう。

また、楽しくやれることを探すだけじゃなく、マインドセットを変えることも意識してください。

たとえば会社でやっている「仕事」が、実質的には「作業」であったとしても、上司に「もっと自分にしかできない仕事をください」と言うのは、立場的に難しかったりしますよね。

そんなときは、今やっている「作業」をより楽しみ、質を上げられる取り組み方を考え、実践してみるのです。また、そうやって結果を出せば、社内で「仕事」が回ってくる立場になれるかもしれません。

1章でも触れたように、みなさんは起業家として成功できる人間です。「そんな人材が社内で活躍できないはずがない！」と自分に言い聞かせ、本業もレベルアップに必要な場だと思うと、気合が入るのではないでしょうか。

ただ、そんなポジティブな取り組みも難しい会社も正直ありますよね。

そんな会社で働いている方にこそ、副業にチャレンジしてほしいです。

お金を稼ぐために、副業としてアルバイトをされている方もいると思いますが、副業で「作業」をするのではなく、自分にしかできない「仕事」に挑戦するのです。

ただし、ここでも楽しさは大切です。

「仕事」なら、何でも楽しくできるかと言うと、実はそうではありません。

特に、小さく始めれば両立は可能ですが、働きながら副業をするのは、それなりに負担もあります。

そこで楽しめない「仕事」を選んでしまうと、続けられずに潰れてしまうかもしれません。気をつけましょう。

本業も副業も、できるだけ「作業」ではなく、「仕事」をすること。そして、楽しむこと。

この二つを、ぜひ意識してみてください。

column

20年後の世界

私にとって、お金以上に大事だと思っているのは、時間です。

たとえば20年間こつこつ貯金し3000万円貯めることは重要ですが、その20年後の世界で、そのお金が3000万円の価値を持っているかどうかは誰にもわかりません。

漫画『インベスターZ』や、ドラマ『ビッグマネー』などを見ていると理解できると思いますが、お金は信用で成り立っているのです。

なので、その信用が崩れた世界になると（デフレ・インフレ）1万円が1円の価値にしかならなかったり、逆に1万円が100万円の価値になったりすることもありえます。

バブル時代を生き抜いてきた人の話を聞くと、何も持たないで六本木の街に出ただけで30万円もらって帰っていた、というような時代もあったようなので、そういうことを考えると、現在の100万円が20年後に100万円の価値を持っているかどうか、わかりません。

なので、貯金だけをするのではなく、他のものに投資をして、少しずつでもお金を膨らますイメージを持ち、使っていくのがよいのではないでしょうか。

僕も昔は、ブラック企業サラリーマンでした

先述したように、私は起業前に会社勤めをしていました。

ただ、父が自営業だったこともあり、昔から「30歳くらいで起業をしたい」と考えていたので、最初から独立を視野に入れていました。それもあって、大学時代も色々とヤンチャをしていた……と言えなくもありません。

なので、就職も起業に必要なスキルを身につけるためにするつもりでした。そこで、インターネットが広く普及し始めた時期だったため、成長スピードの速いＩＴ業界に身を置こうと考え、大手ＩＴ企業に入社しました。

その職場での仕事は、今の基準で言えば、かなりのブラックな現場でした。

ただ、とにかくハードでしたが、ＩＴの知識や、新規営業のノウハウを学べたので、

本当に感謝しています。

ですが、先ほども書いたように、「給料の10倍以上の金額を売り上げて、これしかもらえないのか……」という不満はめちゃめちゃありました。営業部隊を支えるバックオフィスの重要性は承知していますが、その会社の仕組み、商材の元手などを考えると、「もっともらえてもいいだろう」と感じていたのです。

大分偉そうなことを言っている私ですが、実はそんな不満や、元々独立するつもりだったこともあり、タイミングもあって、しっかりとレベルアップする前に会社を辞めて独立した形になりました。当然ながら、「お金でお金を生む」手段も構築できていませんでした。

正直、ノウハウを知れば、**会社で働きながらビジネスを大きくすることも可能なみなさんが羨ましいです。**また、だからこそ、そうすることを強くおすすめしています。

今では、お金でお金を生む以外の働き方は、とにかく効率が悪いと感じます。個人的な思いとしては、**時間の切り売りでお金を得ている全ての方に、その生活から脱却してほしい**と願うほどです。

でも、それは私が独立して、結果的に会社時代の稼ぎを上回ったから言えることで、当たり前ですが、独立して、みんながみんなうまくいくとは限りません。

だから、働きながら、小さく始める。特に、ネットビジネスをするなら、絶対に働きながらやるべきです。

私はアフィリエイトなど、ネットビジネスである程度の収入を得られるようになったのですが、少なくともネットビジネスに関しては、働きながら経験値を積むことが十分可能です（独立してからわかったことですが……）。

これは、会社員に限った話ではなく、アルバイトをしている方にも当てはまります。むしろ、残業や時間を取られる付き合いが少ない分、より大きなリソースを副業に割くこともできます。

何か副業をしたいけど、何をすればいいかわからない、という方は、とりあえずインターネットやウェブサイトの勉強をしてみるといいと思います。どんな事業でも、ウェブサイトは必要不可欠ですし、それを自分でつくれたら、それだけで大幅な節約になって、小さく始めることに役立ってくれます。

column

少しずつ成功体験を積み重ねる

私はサラリーマン時代に電話営業で1億円以上の売上を出していたので、そこで営業力が鍛えられました。起業後は、自分でつくったモノ、見つけたモノに自ら値段をつけ、営業しビジネスをしています。独立してからというもの、少しずつ成功体験を積み重ねてきたように思います。

私の場合は、まずは自分でホームページをつくってみたのがきっかけですが、

・最初は全然意味のわからなかったhtmlがわかるようになったこと
・クラウドワークスなどで一生懸命仕事をして30万円の収入を得たこと
・アフィリエイトサイトをつくれるようになったこと
・アフィリエイトサイトから売上をつくれるようになったこと
・アフィリエイトサイトから1日で5万円の売上がでたこと
・アフィリエイトサイトをサイト売買で、90万円で売ったこと
・それらの経験を元にサイト作成サービスを販売したところ、予想外の売上があがり数千万円以上売れたこと

といったように段階的に進んできたなという印象です。
最初はちょっとした成功体験でも、それを積み重ねていくと数千万円や1億円、2億円という売上規模になっていったり、一緒にやってくれる仲間が増えたりしていくものです。

どれだけ小さなものでも一度、成功体験があると、もう一度味わいたい、さらにいいビジネスがしたいと思うようになります。本書では〝外注思考〟をすすめていますが、「やれない」と「やらない」には歴然とした差があって、自ら行った経験があると、なにか困ったときにもどうにかなるという気持ちになれます。

なんでも最初の一歩、始めてみて少しずつ成功体験を積み重ねていくことが重要です。

CHAPTER 3

さまざまな「格差」を利用する

0 YEN KIGYO

ZERO

情報の格差をつける側になる

1章で、ビジネスチャンスは「格差」のあるところから生まれると書きました。

お金、距離、モノなど、自分のいる環境や住む場所によって、自分と他者の間には、否応なしに格差が発生します。

繰り返しになりますが、格差があるから欲求が生まれ、欲求があるから、それを埋めるビジネスが求められる余地が生まれます。そもそも、副業や起業をして儲けたいと思う人間の気持ちも経済格差あってのものですし、それを悪として横並びを目指す共産主義がうまくいかなかったのも、「自分だけはもっと稼ぎたい」と思ってしまう人間の欲望があるからなのでしょう。

では、そんな格差が、なぜビジネスに重要なのでしょうか。

実は、自分の棚卸しをしてみて、「好き」で「得意」で「儲かりそう」と思える何かが見つかれば、正直、格差はそこまで考えなくて大丈夫です。

ただ、好きだけどそこまで得意ではなさそう、とか、自分にできそうな方向性、やりたい方向性がいくつかある中で、決め手に迷うときは、その選択肢の中の格差に注目してみてください。

要するに、格差とは、「儲かりそうかどうか」を考えるときに、非常に重要になるファクターなのです。

極端な話、絶対に儲かりそうなビジネスがあったら、それで成功すれば、より整った状況から好きなこと、得意なことにチャレンジできるので、好き嫌い、得意不得意は考えずに、まずやってみてしまうのもアリです。

――と前置きしておいて何ですが、最初は、例外的な格差について書いていきます。

それが**「情報格差」**です。

詳しくは後述しますが、ビジネスで勝つための常套手段の一つが「真似る」ことです。

もちろん、著作権法違反をしろ、と言いたいわけではなく、成功者の考え方や行動をなぞる、という意味です。

これは私が言い出した突飛な話ではなく、たくさんの経営者やビジネス書作家なども言っていることです。ビジネス書をよく読む方からすれば、当たり前の話かもしれません。

でも、そもそも、みんながみんなやっていることだったら、陳腐化してしまうので、成功するのは難しいはずです。

つまり、真似ることで成功できるというのは――質の高い参照元から、雑なモノマネみたいなレベルではなく、徹底的に真似ることが大前提ですが――、その情報を知らない人がまだまだたくさんいるから、情報格差があるからなのです。

ここで、自分が知らない側になってしまうと、副業・起業して成功するのは難しいです。

逆に言うと、「0円起業」で成功したければ、日頃から、平均値から見て、常により「知っている側」でいられるだけのインプット習慣を確立し、情報格差を他の人につける人間になりたいところです。

おそらく、質の高い発信者のSNSなどは、みんな見ていて当たり前、といった感

じがするので、他の人が注目していないもの……、あえて購読者が減り続けていると
も言われている新聞を意識的に読むというのも「格差」をつける習慣かもしれません。
また私は気になる本は、すぐに購入しています。経営者としてある程度経験値を積
み重ねてきたことで、読書の必要性を肌感覚で感じているからです。乱読しながらア
イデアのヒントを得ています。

みなさんも、「0円起業」のヒントになる情報に出会えるような、自分なりのインプッ
ト習慣を身につけてみてください。

経済力の格差を活用する

ここからは、実際にビジネスに利用できる格差について見ていきましょう。まずは「経済格差」からです。

経済格差は度が過ぎると、持たざるものが貧困状態になるレベルになってしまうと問題ですし、実際に、そうなってしまっているのが現状だとも思います。

それを活用する、というのは、あまりいいイメージがないかもしれませんが、その点については本項の最後で触れます。

個々人、ないしは企業別の経済格差があることで、同じような案件でも、安くても引き受けてくれる人もいれば、そうでない人もいます。発注側も、高いギャランティで仕事を振ってくれる企業もあれば、安い金額でお願いしますという企業もあります。

この金額のブレは、自分でビジネスをするとき、大きくモノを言います。作業を外注したいとき、アウトソーシングサービスなどを見てみると、同じ内容でも、かなり受注金額に差があるのです。

もちろん、その金額が実力の差であることもまああるので、常に安い外注さんを探すべき、という話ではないのですが、反対に実力が高いのに、相場より安い金額で受けてくれる方が見つかることもあります（ちなみに、フリーランスが安い金額で仕事を募集する理由は経済力以外にも考えられますが、話をシンプルにするため、ここでは触れません）。

このようなブレの存在を理解していれば、外注さんにお願いしたい「作業」があるときの出費を効率よく圧縮できます。

また、詳しくは129ページ、187ページをお読みいただきたいのですが、この発注側、受注側双方に存在する金額のブレを利用して、10万円の案件を、5万円で受注するフリーランスに外注して、差額を利益とするビジネスをすることも不可能ではありません。

どうしても私たちは、物事を考えるときに自分基準で考えてしまいがちです。

しかし、当たり前の話ですが世界は広く、アウトソーシングサービスを眺めているだけでも、「なぜこんなに安く引き受けてくれるのだろうか？」と思ってしまうような登録者の方や、「これ、明らかに安くできるのに」と感じられる高額案件が見つかることがあります。

一度、アウトソーシングサービスのサイトを覗いてみてください。思わぬ発見があるはずです。

画一的に見えるウェブサイトの利用者に、同じ人は一人としておらず、大小さまざまな経済格差があることを理解した上で、ビジネスをすることが大切です。

また、今現在、経済格差をつけられている側の方にとっても、どんな層の人たちが自分より経済力を多く持っているのか、反対に、自分よりも経済力のないのはどんな人たちなのか――といった要素を意識することが大切です。

なぜなら、副業や起業をするときは、自分にできることを棚卸しした後に、その能力を必要としてくれる対象がどこかを考える必要があるからです。

基本的には、どんな人相手にも求められる事業はそう多くありません。多くの場合、ビジネスはある程度の対象を絞り込んでやることになります。

たとえば、副業とは少し別の話になりますが、ラーメンをつくるスキルがあるとして、一杯5千円の超高級ラーメンを出そうとするなら富裕層相手の商売になりますし、一杯500円以下のお得なラーメンを出そうとするなら、反対に富裕層は顧客になりません。

ドラッカーの言う「顧客の創造」を実現するためにも、潜在顧客がいそうな場所を見極める必要があります。そして、そのためには、自分の立ち位置を正確に把握しないといけません。

言い換えるなら、自分が上のほうにいようと、下のほうにいようと、経済格差を理解し、把握することも、自分の棚卸しの確認項目の一つなのです。

「彼を知り己を知れば百戦殆うからず」と言いますが、逆に言えば、自分のことをちゃんと理解できていない人が、ビジネスで成功することはできないというわけです。

今、経済力があまりない方が、自分を経済格差にさらされている側だと位置づけるのは、正直辛いことかもしれません。でも、そのこと自体は、お金をあまりかけずにできる「0円起業」においては、大した問題ではないので気にすることはないのです。

あくまで大切なのは、現時点での自分をマッピングすることです。

その位置が低かったら、「これから上に昇る一方だ」と自分の成り上がりを楽しむくらいの心持ちでいてください。

最後に、経済格差を活用することについて。

そのこと自体は搾取の構造に見えるかもしれませんが、たとえば他の人よりも安い金額で仕事を募集している方がいたとして、アウトソーシングサービスで設定している金額は、上からの押しつけなどもない、本人が設定したものなので、それがどれだけ「安い」と感じる金額でも、利用する側は素直にその金額でお願いすればいいと思います。

その上で、仕事をしっかりと遂行してくれて、長くお付き合いしたい方だと思ったら、直接その方とつながって報酬の増額を申し出ることだってできます。

個人的には、まず自分が成功し、儲けることが大切だと思います。成功すれば成功するだけ、できることは増えていきます。極端な話、何兆円という財産をつくることができれば、第二のビル・アンド・メリンダ・ゲイツ財団を設立することだってできます。

自分が力を持てば、経済格差を是正し、世界平和に貢献できる可能性もあるのですから、とりあえずは、自分にできるベストを尽くすことが大切だと思います。

column

市場価値、価格は僕らが決めることではない

先にも話したように、市場での価値は自分でわかるものではないことに早く気づけるかどうかが、とても重要です。

たとえば、弊社でつくった商材が24800円で売れなかったとしても、19800円なら売れたかもしれませんし、あるいは逆に99800円でも買ってくれる方もいるかもしれません。

このように結局は、**「商品に対して価値を感じてくれる人がいれば、こちらが値付けした価格でも納得して買ってくれますし、逆にそれで買ってもらえないようであれば、その商品にそれだけの価値がなかっただけのこと」**です。

この本だってそうです。出版社の決まりなのか1480円ですが、数万円の価値はある情報を入れていると自負しています。でも、1480円。不思議だなあと思います(みなさんはお得な買い物をしたかもしれません)。

結局は、価値・価格とは、市場に出してみないとわからないものなのです。

ピカソの絵や、最近では有名になったバスキアの絵画など、門外漢からすると、100万円なのか1億円なのか、さっぱりわかりません。でも、それでも買うという人がいるから、そこに価値が生まれるものだと思います。

今の時代はメルカリやヤフオク、note、ツイッター、インスタグラム、フェイスブック、なんでも自分の意志で発言・取引ができるようになりました。

自分のつくったコンテンツ、商品などをまずは、「自分の言い値」で市場に出してみることから始めてみると、意外な反応があるかもしれません。

地域の格差が武器になる

続いては「地域格差」です。

基本的に資本主義社会においては、大都市に人や資本が集中し、都会と田舎で、平均賃金など、さまざまな格差が生じます。

実際、ビジネスにおいても、東京や大阪、福岡といった大都市のほうが有利なことはたくさんあります。

ただし、地方、田舎だから有利なことも、同じようにたくさんあります。

特に大きいのは地代家賃です。

店舗ビジネスなら、大都市は家賃が高いけど、その分、潜在顧客が多い、といった、ある程度トレードオフになっている部分もありますが、どんな場所でもできるビジネスなら、固定費を圧縮できるのは圧倒的に有利です。

特にネットビジネスなら、よほど規模が大きくならない限りは自宅でできる場合がほとんどです。得られる収入が同じで、東京や大阪の人よりも支払う家賃が少ない人は、その差額分儲かるわけです。地価が低いという格差も、裏を返せば利点になります。

成功して、在庫などが必要な新規事業を始めることになり、オフィスや倉庫を借りることになっても、物件探しも簡単ですし、契約金などの初期費用もかなり抑えられます。特に、広めの物件が必要な場合、大都市だとかなりの出費が想定される上に、そもそも見つけるのに苦労する可能性もあります。


そして、大都市にはなく、地方都市や田舎にしかない、ビジネスの目玉にできる武器があることもたくさんあります。

私がアフィリエイトサイトをつくったとき、最初に扱った商材はカニでした。足が折れていたりして、味はまったく問題ないのに小売店などには出荷できないカニを、その分割安で通販する業者が色々とあります。当然ながら、カニの水揚げがある漁港や、その近くでないとできないビジネスです。

他にも、特色のある地域ビジネスはたくさんあります。

徳島県上勝町の「株式会社いろどり」は、日本料理の「つまもの」に使われる葉っぱの販売支援で知られています。

また上勝町は、葉っぱビジネスをきっかけに、さまざまな先進的取組に挑戦しており、2020年までにゴミをゼロにする目標を掲げた「ゼロ・ウェイスト宣言」を発表、2016年時点でリサイクル率81％を達成し、国内外の注目を集める自治体でもあります。

徳島県はテレビの地デジ移行の際に、それまでアナログ電波では見られた大阪のテレビ局の番組が視聴困難になったことをきっかけに、普及の遅れていたケーブルテレビ網を県内全域に敷設し、その結果、山奥でも高速ワイファイが飛ぶブロードバンド強国となっています。

その条件を活かして、ネットはサクサクで家賃は安く、美しい自然の中で働けるサテライトオフィスの誘致に力を入れており、神山町の事例は特に知られています。

こう書くと、カニの漁港や徳島の上勝町などは、大都市とは違う意味での資源に恵まれている、と感じられる方もいるかもしれませんが、一見特筆すべきものがないように思える地域でも、視点を変えれば必ず武器は見つかると思います。

和歌山県で古民家を活用したゲストハウスなどを運営する「古都里」の豊原弘恵さんは、お父様の出身地である和歌山について、このように話されています。

父が和歌山出身です。ですから小さい頃から盆・正月には訪れていました。でも当時からすごく寂れていて、子どもながらに「和歌山はもう発展しそうもないな」と思っていたんです。ところが、2008年のリーマンショックで日本経済が一気に落ち込んだとき、見方がガラリと変わりました。そんなときでも、和歌山は何ひとつ変わらなかったからです。

(中略)

たとえば、和歌山には100年以上も続いている老舗の鰹節屋さんがありますが、本当に鰹節しか売ってないんです。それが100年も続いてきたことのすごさに、日本が不況に包まれたとき、改めて衝撃を覚えて。それまで「発展しない」ということをネガティブにしか捉えていませんでしたが、「長く変わらない」=「長く続く」と捉えれば、ものすごくプラスの価値がある。ずっと発展しないように見えているけれど、災害が起きても大恐慌が起きても生き残る何らかの強さがあるんじゃないかと、思うようになったんです。

（「『何もない』こそグローバル！和歌山のゲストハウスが変える集客常識」（ダイヤモンド・オンライン）より引用

https://diamond.jp/articles/-/202670）

本質的には、何もない地域なんて存在し得ないのではないでしょうか。

何もないように見えるのは、そう見えてしまうだけで、情報をたくさんインプットすることで、真の価値が理解できるようになる。

また、視点を変えることで、マイナスの部分は確かにあるものでも、プラスに転化できることがあったり、自分にとってはマイナスの要素でも、プラスに感じられる人がいたりするケースもあると思います。

大都会には大都会にしかない長所がたくさんあって、田舎には田舎にしかない長所があります。大都市でもないけど、田舎でもない地方都市もたくさんありますが、不便は嫌いだけど、大都市は騒がしすぎて苦手な人だっている。どんな場所に住んでいても、そこだからこそできるビジネスはあるはずです。

それに、仮に日本の平均中の平均、と言える街に住んでいる人でも、視点を世界に転ずれば、自分の住む場所も一気に特殊な場所になります。英語などの外国語を身につければ、今はスカイプなどで在宅日本語教師もできる時代です。


また、そもそも長所を無理に探そうとする必要もないのです。この章の主題はあくまでも「格差」。短所だって、見方を変えればビジネスの勘所になります。

都会に住んでいるなら、大都市のショップ限定のグッズなどの購入代行を地方在住者から受け付けることができますし、地元に全国的に人気のある、限定販路のグッズなどがあれば、逆の立場でも成立します。

田舎に住んでいるなら、都会の人が手にできない新鮮な農作物など、自分は見飽きていて短所に思えるけど、外の人から見たら価値がつくものが何かしらあるはずです。

ちなみに、売れているかは微妙ですが、メルカリでセミの抜け殻を売っている人をたまたま見かけました。宿題代行のサービスは有名ですが、田舎だから提供できる、自由研究用の材料を売る発想のビジネスで、何かできることがあるかもしれません。

地域格差を活用するには、それなりの知識が必要です。井の中の蛙でいては、格差そのものに気づかなかったり、ビジネスに結びつける発想が浮かばなかったりします。

徳島県の事例のような、地元のストロングポイントを活かすビジネスにおいても同様で、その井戸の中に魅力を感じる人が、外の大海にたくさんいたとしても、自分の目が曇っていてはその存在に気づけません。

先ほど、経済格差が気になる方は、まず自らの成功を目指すべきだと書きましたが、これは地域格差についても言えることかもしれません。

純粋に格差と言える部分を利用するにせよ、それをビジネスの武器とする成功例が増えれば、見方を変えるとプラスに転化できるマイナスがあることを周知できれば、それは「格差」ではなく、単なる「違い」と受け取られるかもしれません。

徳島県上勝町の「株式会社いろどり」は、自社でつまもの用の葉っぱを栽培・収穫しているわけではなく、全国の市場情報を農家の方々に送る「上勝情報ネットワーク」の運営と情報発信を行っています。

実際の栽培・収穫を行うのは地元農家の方々で、葉っぱという軽い商品のため、たくさんの女性や高齢者も、パソコンやタブレットを駆使して「上勝情報ネットワーク」の情報をチェックしながら働いているそうです。

きっと、そうやって元気に働く上勝町のお年寄りのみなさんは、上勝町で暮らしていることを嬉しく思い、都会と上勝町の間に違いはあれど、格差はないと考えておられるように思います。

column

モノに、本当の値段はない？

数年前の話ですが、起業して営業の商談に行ったときのことです。

渋谷のセルリアンタワー東急ホテルで、３人でコーヒーを頼みました。そのときのお会計なんと４５００円。

普段１００円の缶コーヒーをたくさん飲んでいる私には３人でも３００円の感覚。これが４５００円。１本あたり１５００円で、価格にして15倍の値段です。

そのときふと、「モノには、本当の値段はないのかな」と思いました。

同じコーヒーとしてみると味もそんなに変わらない、量もそんなに変わらない。でも、缶コーヒーだと1本100円のものが、セルリアンタワーのホテルになると1500円になる。

これは本当に衝撃で、その後、私は色々な自動販売機を見るたびにコーヒーの値段を見て調査をしたのですが、同じ缶コーヒーでも80円のものもあれば、50円のものもあるということを改めて認識したのです。

本当は100円と思っていたものも、50円で売っているところもあれば、1500円ほどの値段になるところもある。

そこには場所代や雰囲気代といったものがかかってくるという要素もありますが、「その値段でも大丈夫だよ！　OKだよ！」という方がいれば、同じコーヒーでもこんなにも値段が変わってくるのだと知った機会だったわけです（もちろんホテルのコーヒーが、缶コーヒーとまったく同じ原価だとは思いません）。

今回の私の本も、1480円で買いたいと思われれば買っていただけて（お手にとってくださった読者の方、ありがとうございます）、それだけの価値はないと判断されれば購入されないだけの話なので、モノの価値、値段というのは決まっているようで、その人ごとの判断によって違うということを感じた事件でした。

この感覚、逆手にとれたら、ビジネスになりますよね。

男女の格差をビジネスで飛び越える

次に、「男女格差」です。

国税庁による「民間給与実態統計調査」（平成29年）を見ると、男性の平均年収は532万円、女性の平均年収は287万円と、大変な差があります。男女格差を測る、世界経済フォーラムによる「グローバル・ジェンダー・ギャップ指数」（2018年）では、日本の順位は149か国中110位で、G7の中では最下位です。

男性の私は、女性に対して羨ましいと思うことも度々ありますが、このような数字を見ると、格差がないとはとても言えません。

また、筋力や体力や体格が勝ることが多い男性の中に、女性に対して乱暴な態度をとる人間が少なからず存在するのも否定できません。会社で働きながら、上司や同僚のセクハラやパワハラに悩まされている女性も多いでしょう。

また、収入差のようなデータには出ないものでも、女性が優位な環境の中で、苦しい思いをしている男性もいると思います。


私は、人生のリスクヘッジとして「0円起業」をおすすめしているだけに、たとえば今職場で男女格差に苦しむ方に、「そんな会社辞めてしまったほうがいい」とは言えません。


ただ、そんな方にこそ、副業や起業をしてほしいとは思います。

自分で始めるビジネスなら、顧客層や付き合う相手を、自分で考え、決めることができます。男性に苦しめられている女性なら、女性相手のビジネスを、女性に苦しめられている男性なら、男性相手のビジネスをできるわけです。

特におすすめしたいのがネットビジネスです。

たとえば、メイク動画の配信をやろうとする女性なら、対象は完全に女性になります。ユーチューブやTikTokに動画をアップしたら、当然ながら男性も見られるので、完全にコントロールすることはできなくても、自由度は会社やアルバイト先での仕事とは比べものになりません。嫌なコメントをしてくる男性がいたところで、会社の上司なら相手をする必要もありますが、無視してしまえばいいわけです。

これが地元で店をオープンする、といった類の事業だと、日常生活のストレス源となっている存在に遭遇してしまう可能性がどうしてもあります。

地縁に引きずられず、ビジネスネームでネットビジネスを始め、それが成功すれば、嫌な勤め先を辞めることだってできます。


これだけですと、現状を変える選択肢としての話のみになってしまいますが、もちろんビジネスの中身についても、男女格差からヒントを見出すことはできます。

男女格差も、基本的には地方格差のように、マイナスをプラスに転じる感覚で、今問題のあるところにこそチャンスを見つけやすいように感じます。

今現在、女性の感性が不足しているところに女性の視点を、男性の感性が不足しているところに男性の視点を導入できる場所を見つけられれば、勝機があるのではないでしょうか。

たとえば、家屋や店舗のデザイン・設計・施工を行う福岡県の建設会社「ゼムケンサービス」は、2012年から「女性建築デザインチーム」というブランディングを打ち出し、売上高を1億円から4億円に伸ばしているそうです。同社のフィロソフィーを引用させていただきます。

Change the construction industry brightly with female power!
女性力で、建設業界をぱーっと明るく変えたいんです！

人は場に影響せずにはいられない。人間は環境の生き物です。男性圧倒的多数の建設業。人を人たらしめる環境づくりをする仕事だからこそ、多様な価値観を、生活者視点で活かしたい。私たちは挑戦し続けます。
(https://www.zmken.co.jp/より)

当たり前の話ですが、家に住む人の内訳は男女でほぼ半々のはずです。つまり、ユーザーの数は変わらないのに、サービスを提供する建設業界は男性のほうが多い。このズレにチャンスがあったわけです。ゼムケンサービスさんは社員8名のうち、6名が女性で、そのうち4名が一級建築士だそうです。女性が活躍しやすい環境をつくるのは簡単ではなかったと思いますが、勝つべくした勝った成功事例だと感じます。

また、知り合いの知り合いの話で、かつ起業前のため、具体的な会社名などもまだない状態なのですが、女性のみの営業会社をつくろうとしている方もいます。

営業は体力や精神力が求められるので、これも男性偏重の職種かなと思うのですが、女性ならではのきめ細やかな感性が求められる局面は必ずあるでしょうし、女性ばかりの店舗や会社などに営業する場合、相手も営業マン（ウーマン）が女性だと安心できるはずです。これもいいチャレンジだと思います。

基本的には、建設業界と同じように、男女どちらかに偏重しているけど、全ての人にニーズがあるサービスのスキマに、ビジネスチャンスがあると思います。たとえば近年、サウナがブームですが、サウナは男性専用の施設が非常に多いです。そのスキマを埋めるように、女性専用サウナのニーズが高まっている気がします。

ジャストアイデアですが、男性を意識したデザインのアイテムが多く、実際に男性ユーザーが多い業界のアイテムのデコレーションなんて、隠れたニーズがあるのではないでしょうか。

デコアーティストがデコるのは、スマホケースやメイク道具が主だと思いますが、たとえば建設業界つながりで言うと、ＤＩＹとカワイイがどちらも好きな女性もいるはずです。ざっと検索したところ、ピンク色の工具セットは見かけたのですが、デコ電動ドライバーがあったらほしい人もいる気がします（電動ドライバーの振動にデコられたストーンが耐えられるのかはわかりません……）。

「女性専用」キーワード検索

13:32	ull 🔅 🔋
女性専用	✕ キャンセル

🕐	女性専用 **営業**	➕
🔍	女性専用 **ジム**	➕
🔍	女性専用 **カプセルホテル**	➕
🔍	女性専用 **フィットネス**	➕
🔍	女性専用 **漫画喫茶**	➕
🔍	女性専用 **ホテル**	➕
🔍	女性専用 **プール**	➕
🔍	女性専用 **夜行バス**	➕
🔍	女性専用 **英語**	➕
🔍	女性専用 **高速バス**	➕

検索履歴を消去

ネットビジネスをする場合、事前のキーワード検索は必須です。ちなみに、「女性専用」で検索すると、こんなにサービスが出てきます。真似るか、もっと別なサービスを考えるかは、あなた次第！

同じように、女性偏重の、しかし男性にもニーズがある業界だってたくさんあるでしょう。男性専用ネイルサロンが最近増えている印象があるのですが、似たイメージで探っていくと、男性にも格差から見出だせるビジネスチャンスはたくさんあると思います。

そして、男女格差についても、格差に苦しむ人がビジネスで成功できれば、その状況を変えることができます。一人だけの話でも素晴らしいことですが、ゼムケンサービスさんのように女性の雇用を増やせば、社会をより良くすることにつながるわけです。

世代の格差はチャンスでもある

本書の読者のみなさんが、最もリアルかつシビアに直面されているのが「世代間格差」かもしれません。

現在、就職率は上向き傾向で、新卒採用は売り手市場になっていますが、少し前の就職氷河期の凄まじさは大変なものがありました。

年金制度なども、私たちが高齢者になったとき、どうなっているかはまったくわかりません。

孫世代は祖父母世代よりも公共サービスからの受益や支払う負担の合算で、1億円も損をするという研究結果もあります。

由々しき事態で、正直腹も立ちますが、とはいえ人口減少社会に突入している日本において、行政の力で今後この格差が是正されると考えるのは過度な期待であると思います。

ですから、やはりこの格差についても、ビジネスの力で乗り越えるのが正解なのだろうと私は考えます。

これまでにも触れたように、格差のあるところには、チャンスも隠されています。総務省の全国消費実態調査の結果をベースに、日本経済新聞社とみずほ総合研究所が算出したデータによると、世帯主が無職で65歳以上かつ、２人以上の世帯における金融資産の平均値は２００３万円だそうです。

この数字を、羨んだり、ずるいと感じたところでしょうがありません。怒りから世代間の断絶が起きるようなことになったら、社会情勢が悪化するだけです。

そうではなく、上の世代が自分たちよりもお金を持っているのであれば、それが金の鉱脈だと考えればいいのです。

要するに、自分の能力を、高齢者向けにアレンジすることができれば、同世代や下の世代に向けてビジネスをするよりも、儲かる可能性があるということです。

たとえば最近は、お店に来ることのできない高齢者の方相手の出張ネイリストの方も増えているそうです。ファッションが好きで、ネイリストや美容師、スタイリストなどになった方は、自分の世代がかっこよく、かわいく、美しくなるための知識や技術を身につけてこられていると思うのですが、高齢者が喜ぶメイクやデザイン、知識や会話のネタなどを意識的に伸ばして、高齢者向けのサービスに特化するなどできれば、一気に差別化が図れるように思います。和風で雅な図柄のネイルとか、受けると思うのですがいかがでしょうか。

大阪府堺市の泉北ニュータウンの一角にある茶山台団地には、2018年11月にオープンした「やまわけキッチン」という、イートインもできるお惣菜屋さんがあり、毎日住人のみなさんで賑わっているそうです。

丘陵地にある団地から最寄り駅までは徒歩20分で、そこまでスーパーや飲食店やコンビニもなく、すでに野菜などの移動販売を行うなど、茶山台団地は買い物支援等の先進的な取り組みをしていたそうですが、スーパーや飲食店の不足を補うだけではなく、移動が難しい高齢者の住人のコミュニティを活発化される機能もあるようで、見事な施策だと思います。

この「やまわけキッチン」の事例のように、高齢者のみなさんにも、生物として避けられない問題とはいえ、自由に出歩けないなど、さまざまな問題があります。若い世代が自分からそこに飛び込むことで、自分の世代格差も、高齢者から見た世代格差も埋められるビジネスチャンスがあるのではないでしょうか。

たとえば出張ネイリストなども、複数の団地と協定を結んで、1か月に一度、その団地の集会所などでネイルができるようにしてもらい、複数箇所を巡回する——といったことができれば、一気に数百人、数千人単位の潜在顧客を獲得できます。

近頃は出張理容・美容のサービスも多いようですが、近隣の登録者にネイルや美容などの出張サービス希望者を表示し、マッチングできるアプリなどがあっても面白いと思います。

お金がなくても体力はある若者が、お金はあるけど体力のない高齢者に会いに行ってサービスを提供する。どちらも不足しているものがあり、それを埋め合う交流の流れができたら、それはとても美しいビジネスになることと思います。

また、世代間格差において、大きなポイントになるのは、世代ごとに価値判断基準が異なる点だと思います。

自分の武器を棚卸しするときは、自分の特徴を、できるだけ多角的な視点で（それこそ友達や家族に聞いてみたり）評価してみてください。自分では大したことがないと思っている部分が、上の世代から見ると、大きな価値を持っていることもあります。

モノで考えてもらうとわかりやすいと思うのですが、あなたの家に祖父母世代の古い本があったとします。その本は、あなたから見ると特に価値がないものでも、専門的な古書店の店主や、その顧客から見たら、何十万円という価値があるかもしれません。

当然反対のケースもあるでしょう。最近だとメーカーにこだわらなければ、50型以上のかなり大きなテレビが5・6万円くらいで購入できます。でも、そのテレビに30万円くらいの価値を感じる高齢者の方は普通にいるのではないでしょうか。

当然ながら、詐欺的な転売をしろという話ではありません。でも、この「大型テレビ」が、あなたの「スキル」に置き換えられる可能性は十二分にあるわけです。

仮に、あなたがバリバリのウェブ制作会社に入ると、中の下〜下の上くらいに収まるウェブサイト制作のスキルを持っているとしましょう。

その武器を活用してビジネスをする場合、まずスキルを上げていくための努力も大切ではあるのですが、売る場所を考えるだけで、引き合いが変わってくるかもしれません。知っている人からすれば、安い大型テレビやウェブのスキルは珍しいものではありませんが、それが高齢者のコミュニティになれば話は別、となるかもしれないわけです。

自己発信やコミュニケーションを求める高齢者の方は、少なからずおられるように思います。そんな方々にとって、わざわざ自分のサイトをつくるという選択肢は頭にないかもしれません。でも、目の前に「私がつくりますよ」と提案したら、やってみたいと思う方もおられるのではないでしょうか。

そこで、最新のスキルがなくても、見当違いの質問などをされても、懇切丁寧に対応することなどを武器にできれば、同世代の人や業者よりも、サイト制作のスキルを高く買ってもらえる可能性は結構あるように思います。

渡辺和子さんのベストセラー『置かれた場所で咲きなさい』は200万部売れたそうで、素晴らしい書名だとも思います。また、置かれた場所でうまく咲けない人の理由が、本人の努力や気配りの不足であることもかなりあるでしょう。でも、置かれる場所を変えることで、より大きな花を咲かせることだってできるはずです。

私がこの章を書いていて驚いたのが、ビジネスで成功することができれば、格差に抵抗できるということです。

格差は、ビジネスの武器にすることができるとは言っても、好ましいものではありません。

しかし、そんな格差を是正するための武器が、ビジネスであるわけです。何だか禅問答のようですが、副業や起業に興味がある方の背中を押してくれる事実だと思います。

CHAPTER 4

小さく始める

自分を棚卸しして、
「売り」を見つける

0 ZERO YEN KIGYO

とにかく小さく始めてみる

この章では、私が起業してから行ってきたことを紹介しながら、「0円起業」のヒントをお伝えしていきます。

私が経験したネットビジネスの話がメインになりますが、どんな事業にも応用できるヒントがあると思います。

私自身は、2章でも述べたように、お金でお金を生めるようになり、みなさんが自分の人生を切り拓く方法を見つけていただくことが何より重要だと考えています。

そのための事業内容は、何でもいいと思います。ただ、働きながら副業として小さく始めるには、ネットビジネスがおすすめなのは間違いありません。

ネットビジネスの利点は、大きく分けて二つあります。

①初期投資がほとんどかからない
②パソコン・スマートフォンとインターネットがあればよい

などが不要です。

まず、①について。

私が最初に、ある程度の成功を収めたアフィリエイト事業は、「商品の仕入れ代」などが不要です。

アフィリエイトで成功するには、無料ブログなどを使わず、レンタルサーバーを借りて、独自ドメインも取得したサイトをつくったほうがいいです。そのため、完全に出費ゼロとはいきませんが、1~2万円で済むので、かなり手軽な「0円起業」と言えます。

1章で触れた「せどり」をやるときに、試しに自分の持っている不要なものを売ってみる分には、完全なる0円起業ですよね。気づいていないだけで、メルカリ経験者の方は、すでに副業経験者、おおげさに言えば起業家ということになります。

手持ちの品物で、ヤフオクやメルカリなどに出品してみて、「本格的にやってみてもよさそう」と思えたら、転売用の商品仕入れ代や、古物商許可の取得費用はかかります。とはいえ、それでも数十万、数百万といった費用はかからずできると思います。

　ネットビジネスの良さは、このように、お金をほとんどかけずに始められる点です。

　資金がない人でも気軽に始められるし、**失敗したときに、大きな借金を背負うリスクもありません。**

　自分で開発したサービスや商品の販売などを事業にすると、開発費がかかります。商品の在庫が必要な場合は、製造費や保管費用もかかります。

　正直、副業に興味がない人なんて、ほとんどいないと思います。

◎ 私も、昔はヤフオクをしていました

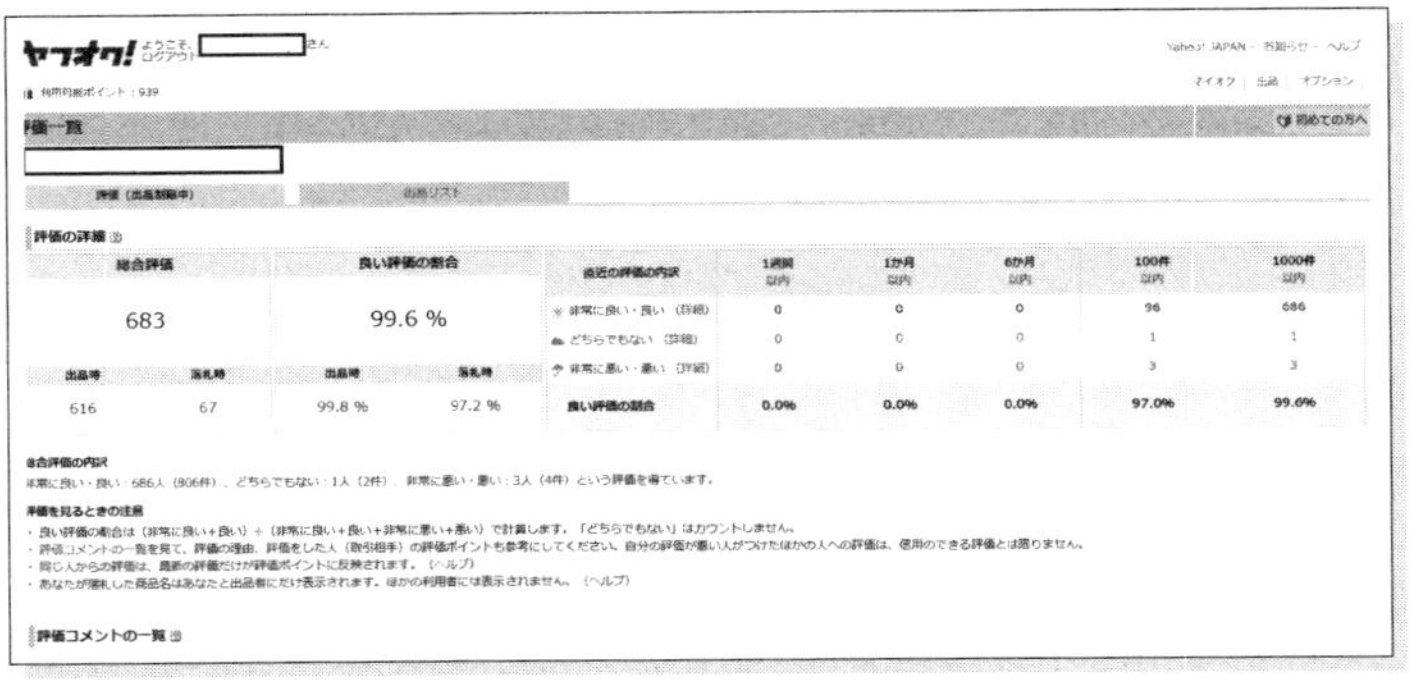

悪い評価をもらってしまったこともありますが、失敗も糧にして、止まらず突き進んで、今があります。

でも、「失敗して大きな損失を出したくない」と思うから、踏み出せない人が多いはずです。そんな方でも気軽に始められるのが、ネットビジネスの圧倒的な利点です。

②については、オフィスや実店舗なしで、ビジネスができるという意味です。規模が大きくなると、ネットビジネスでもオフィスはあったほうがいいですが、最初のうちはオフィスなどいらないと思います。いまでこそ私の会社もオフィスを構えていますが、最初は出費を抑えるためにもオフィスはいらないでしょう。

そして、ビジネス上のやり取りなども、全部パソコンやスマートフォンなど、機械を介してできるのも大きなポイントです。

どういうことかと言うと、直接人間を相手にする事業だと、自分の思うように時間を使えないのです。

専業でやっていれば、「そういう仕事だ」で済む話ですが、働きながらだと、そうもいきません。たとえば、副業についての大切な電話が来ても、本業の勤務中だと出られないかもしれません。

一方、ネットビジネスをやる場合、やることは色々あるにせよ、全部パソコンやスマートフォンの前でやることばかりです。
たとえばアフィリエイト事業をやるなら、最初に必要なのは、サイトをつくったり、商品をアピールする記事を書くことです。これは、自分の好きな時間に進められます。せどりなど、直接お客様の対応をする必要がある事業でも、基本的には電話をする必要はありません。メールなどのやり取りは発生しますが、相手を待たせすぎなければ、好きな時間にできます。

そのような観点からも、やはり最初は**「小さく始める」**のがおすすめです。当たり前の話ですが、日中働きながら、別のことをやるのは、正直大変です。だから、自分がどれだけ稼働できるのか、無理がきくのかを知るためにも、小さく始めてみましょう。

人生を懸けた勝負としての起業なら、退路を断つやり方もあるかもしれませんが、副業からスタートするなら、できるだけ費用をかけず、本業への影響が出にくい形でやるべきです。

あなたにも必ず、「売り」がある。経験・能力を棚卸ししてみよう

1章で、

・好き／嫌い
・得意／苦手
・儲かる／儲からない

この三つが噛み合うことが大切だとお伝えしました。

◎ 三つのものさし

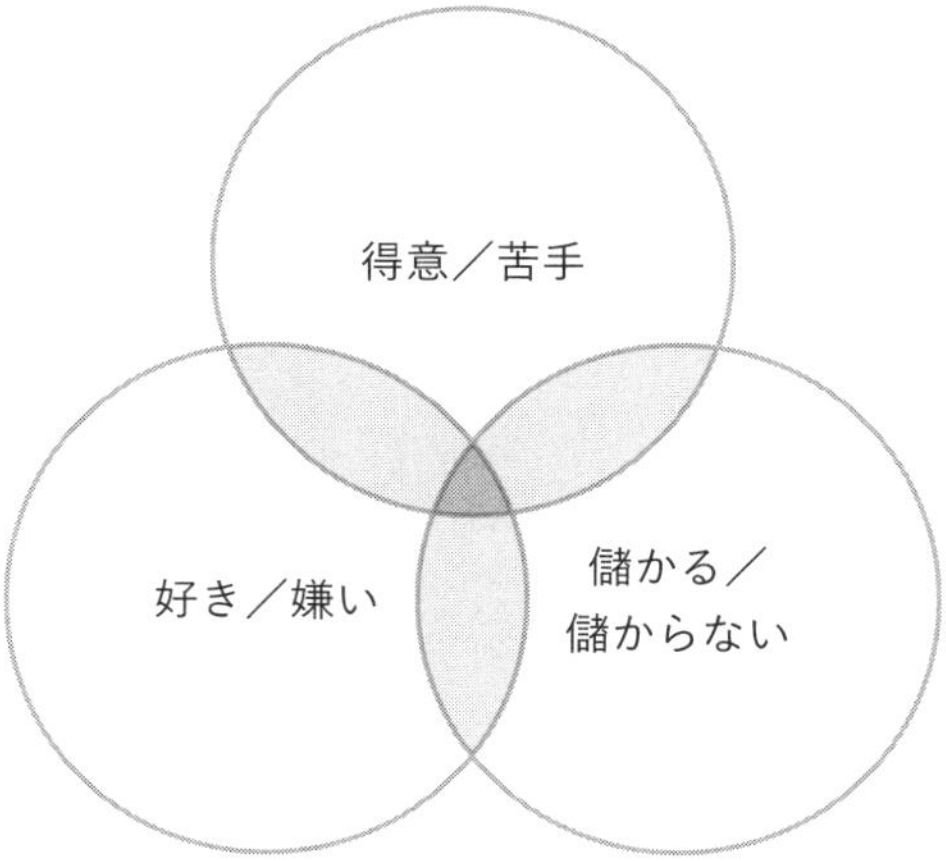

簡単におさらいしましょう。

好きな仕事なら、楽しいからがんばれます。嫌いなジャンルの仕事だと、続けるのが大変です。

先ほども触れたように、本業＋副業となると、なおさらです。仕事終わりにやる副業が嫌いなことだと、投げ出して寝たくなってしまうので、楽しくレベル上げができるチャレンジにしましょう。

副業から始めるビジネスこそ、「好き」起点で始めることです。

でも、「好き」だけど「苦手」では、事業としては不安です。そこで、自分の棚卸しをして「得意」を探すことが大事です。

偏差値70レベルの得意である必要はありません。スポーツでいうならオリンピック出場だとか、生き馬の目を抜く世界で抜きん出るレベルである必要はありません。

あくまでも、自分の中で相対的に「得意」ならOKです。

そして、当たり前の話ですが、どれだけ好きで得意でも、絶対に儲からないとわかるものだとビジネスになりません。

ただ、先述したように、私は見切り発車気味に独立してしまったので、ここまでに書いてきたことは、独立後に理解できた内容ばかりです。

そのため、「私はこんな風に成功してきた」という話ではなく、色んな経験を、今の私から見ればこんな風に分析できる――といった内容になると思います。ぜひ、このあたりは反面教師にしてください。


私は初めからネットビジネスをしていたわけではなく、独立した2011年に始めたのは、運動会や遠足などの学校イベントで撮影した生徒さんの写真を販売するビジネスでした。

きっかけは、Kさんという、海外の超有名で国際的な団体の写真などを撮影している、凄いカメラマンと出会ったことです。

近年は似たようなサービスがたくさんありますが、Kさんの力もあり、資産家の親御さんも多い名門校の仕事を受注し、注文も結構な数がありました。

独立したての当時も、さすがに、私も、自分の強みくらいは考えていました。そして、IT企業時代の経験から、「営業力」が最大の武器になるだろうと自信を持っていました。売り物さえあれば、過去に販売していたソフトウェアでも、形のあるものでも、たとえば墓石だろうが売ってみせると思っていたのです。

しかし、Kさんとの仕事で私が主に担っていたのは、そのような営業ではなく、写真の仕分けと発送でした。

今なら、その作業を外注して、うまく回せると思うのですが、当時の私はまだ「仕事」と「作業」の区別もついていませんでした。「IT企業で修業したのに、なんでこんなアナログな仕事をやってるんだろう」とイライラすることが増えていきました。

要するに、得意な営業以外の作業が増えてストレスが溜まり、好きじゃない仕事に追われる日々になっていったわけです。

そんなとき、2章で触れたYさんに出会う機会がありました。

私は天啓を受けた思いがして、ネットビジネスをやろうと思い、アフィリエイトサイトをつくろうと決意しました。写真の事業で自分がやっていたのも、結果としては思いっきり「作業」だったわけです（もちろん作業も大事なのは言うまでもありません）。

写真のこともやりつつ、アフィリエイトサイトをつくっていたので、私も副業から成功したと言ってよいでしょう。本業も忙しかったので、まずはサイトを一つつくっただけの、本当に小さなスタートでした。

「お金でお金を生む」という発想もYさんから教わったもので、順番が逆だったら、外注をうまく活用して、この写真ビジネスを続けていたかもしれません。

現在はネット上で、写真の閲覧や注文ができる同様のサービスがたくさんありますが、2011年当時でも、近しい機能を持つサイトの構築は可能だったと思います。

当時の私には、この事業をネットビジネス化する発想力がありませんでした。

ただ、今となっては、これも必要な遠回りだったと感じます。いい経験になりました。

最初はお金もコネもなくて当然。見切り発車でいい

「副業」としてネットビジネスを始めた私でしたが、最初の1年はまったく稼ぎになりませんでした。

でも、それでまったく問題ありません。

専業でやっていたら、正直言ってよくないですが、みなさんが副業でやる分にはいいと思います。

最初はお金もコネもないのが当然。まずは事業を始めて、経験値を積みましょう。

1章で触れたように、売上を出すためにも、まずは経験値を積んでレベルを上げるこ

とです。

これは、アフィリエイトなどのネットビジネスに限らず、どんな事業にも言えることだと思います。サービスや商品を販売する事業で独立した経営者の方に話を伺っても、みなさんおっしゃることです。

半年から1年くらいは利益が出ないのは当たり前で、売上が出ない時期を耐えられる貯金がなければ、独立するべきではない、と言う方が非常に多いです。

でも、そもそも、そんなお金を貯めるのも大変です。

やっぱり、働きながら小さく始めるのが一番だと、個人的には思います。

ただ、始めるのは見切り発車でいいけど、続けるのはしぶとくやってください。

多くのチャレンジャーは、この、目に見える結果が出ない、半年から1年くらいの間に諦めてしまいます。

大切なのは、見切り発車でも突き進む勇気と、諦めずに続ける根性です。

独立して起業し、お金が底をついたのであれば、やめるのもやむなしですが、初期投資が少なく、月々の出費もほとんどない0円起業的ビジネスなら、心が折れなければ続けられます。

ビジネスで成功するには、この芽が出ない時期の経験が必要不可欠です。

読書やセミナーなどのインプットによって、その期間を少し短縮することはできるかもしれませんが、芽が出ない時期をゼロにするのは、基本的には不可能だと思います。

そして、その時期の苦労は、お金になっていないだけで、確実に自らの血肉になります。


アフィリエイトで結果が出ない時期の私は、好きじゃないと疲弊して続けられないので、少しずつ写真事業から離れていきました。

こういうところの見切り発車は真似していただかないほうがよいのですが、そうなると、目先の収入が必要になります。

そこで、自分のアフィリエイトサイトを運営するだけではなく、「クラウドワークス」などのアウトソーシングサービスに登録して、外注するどころか、サイト作成や書き仕事を外注されていました。思いっきり、人の「作業」を請け負って糊口をしのいでいたわけです。

ただ、私の場合、この経験が、後に大きくモノを言うことになりました。ちゃんと私の血肉になり、レベルも少しは上がっていたのです。

玉石混淆の外注仕事を色々とこなすうちに、私はアウトソーシングサービスに発注されているさまざまな案件と、そのレベル、条件を学んでいきました。

この学びが、「お金でお金を生む」ということにつながっていきます。

２０１１年と言えば、誰もが忘れることのできない、東日本大震災があった年です。

このとき、原発事故後の、福島第一

◎外注仕事を受けていたときの痕跡

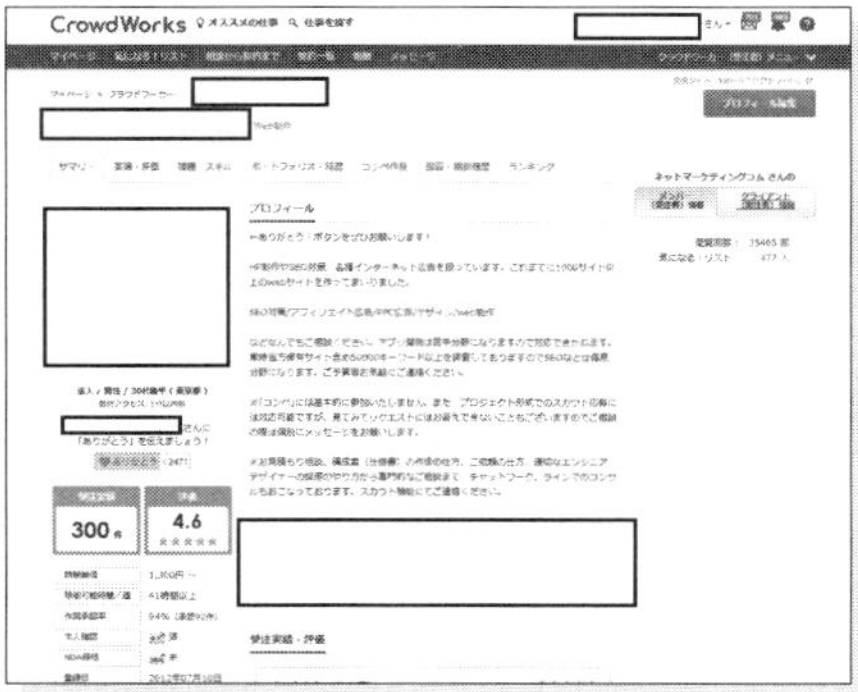

起業後、クラウドワークスで必死に仕事を受けていた頃の資料です。
必死にがっついて仕事をしていたので、300件とか受注しています（笑）。
苦労はしたけど、この数をこなしたからこそ“発注元”になるノウハウを得ました。

原子力発電所で働く作業員の募集で、国は一人あたり数十万円の費用を用意しているのに、間にどんどん企業が噛んでいき、大手ゼネコンや地元の建設会社などを経た7次～8次受けの作業員には普通の建設作業員程度の報酬しか支払われない、という話がありました。

記事などで見た記憶がある方もいるかもしれませんが、私はたまたま、この金額の具体的な流れを耳にする機会がありました。

ＩＴ業界でも、「ＩＴ土方」とよばれる仕事をする、最下層のエンジニアは、7次～8次受けになっているケースがあります。

また、そのすぐ後に、広告代理店の電通は、コンペティションは強いし、そうやって案件を取ってくる営業力はあるけれども、資料をつくってプレゼンしてコンペに勝ったら、系列会社の制作ではなく、下請けに投げる仕事が多い、という話も聞きました。

本当のところはどうかわかりませんが、そういう世界なのでしょう。

なるほど、これが「外注化」か——と納得した私は、お金でお金を生むやり方を自分の中で「電通方式」とよぶようになりました。

この話だけだと、国や大手ゼネコン、電通のような超大手が関わる案件ならではの話だと思われるかもしれません。

しかし、そうではなかったのです。

アウトソーシングサービスには、「○○なサイトを制作し、△△のようなテキストを□□本作成して10万円」といった仕事があります。

そして、外注を受ける側をよくよく見てみると、同じくらいの作業量のサイト制作を3万円で請け負っているAさんや、同じくらいの作業量のテキスト作成を2万円で請け負っているBさんが登録していたりするのです。

これに気づいたときは驚きました。

要は10万円で仕事を受け、5万円ほどで誰かに依頼できれば、差額の5万円は自分の営業報酬になります。

どんな小さな仕事でも、電通方式は実現可能なのです。

原発作業員の場合、数十万円が1万円くらいになってしまう、恐るべき搾取かつ、人権侵害とも言える問題ですが、自分が中抜きしても残る金額を適正と感じ、仕事を引き受けたいと思う人がいれば、それは自分も含め、誰も不幸にならない外注です。

中抜き分は、その案件を見つけて、求めている人に振った自分の営業手数料と言えます。

ただ、小さな仕事で電通方式をやるには、自分で案件をこなせる力量が必要です。アウトソーシングサービスをチェックするだけで、右から左で手数料を抜けるようなら苦労はありません。

まず、その力量がないと、案件の難易度や、その作業を任せられるフリーランスの見極めができません。

それに、場合によっては外注相手が、お願いした仕事をちゃんとしてくれない可能性があります。そんなことになったら、自分でリカバリーできる力量がないと、納品までこぎつけられません。

私も偉そうなことは言えませんが、日銭を稼ぐために受け仕事をたくさんこなしていたので、自分のビジネスだけを黙々とすることの何倍も、文章作成やサイト制作などの経験値を積むことができていたのです。

その結果、仕事を高く受注し、安く投げるというように、自分でも知らないうちに、お金でお金を生めるようになっていたわけです。

ちなみに、ネットビジネスをやる場合、私はＩＴ企業勤務である程度なじみがありましたが、そもそも、サイト制作が難しい、と思う方もいるかもしれません。

しかし、サーバーを借りて自分でイチからサイトをつくる場合も、一昔前に比べて格段にやりやすくなっています。

ＷｏｒｄＰｒｅｓｓ（ワードプレス）やＭｏｖａｂｌｅ Ｔｙｐｅ（ムーバブルタイプ）といったツールを使えば、無料、ないしは安価な値段で見栄えのよいサイトやブログをつくれます。特に、より初心者向けのワードプレスは、解説記事がネット上にたくさんありますし、書籍も豊富です。

たとえば、「アフィリエイト　ワードプレス」と検索してみると、ワードプレスの使い方だけでなく、ワードプレスでアフィリエイト用のサイトをつくるやり方、そのための注意点なども、かなりの精度で調べられますので参考にしてください。

column

意外に!?　交渉でいろいろ変わる

「ナニワのあきんど」なんていう言葉がありますが、これは関西の方は商売上手という意味で、値切るのがうまかったり、交渉上手という意味で使われていると思います。これって、本書の「0円起業」でもとても参考になります。「交渉」って大事です。

たとえば、発注者と受注者の間に入る電通方式のビジネスでも、お仕事をいただく発注者からは高く受注し、自分が仕事を請け負ってもらう受注者には安くお願いできれば、その差分を懐に入れることができるわけです。

これには営業力や交渉力が求められますが、実はそこまで難しいことではありません。一言、「もっとがんばるのでもっと高くご依頼いただけませんか」といったように交渉すればいいだけの話なのです。

でも、案外、この程度の交渉すらやっていない方が多いように思います。

少し交渉するだけで、数千円のギャランティが変わるということはよくあることなので、自分の仕事を安売りせずに、交渉してみてください。ぜひ、チャレンジしてもらいたいところです。

副業のインプットが自分を成長させる

ネットビジネスに限らず、副業に興味があるなら、まずはウェブサイトをつくってみるのがおすすめです。

副業のはじめの一歩として、仕事用ではない、趣味などを発信する個人サイトを試しにつくってみるのもよいでしょう。SNSとセットで、信用情報を積み上げることもできます。

どんな事業でも、今の時代、自前のサイトは必須です。

最終的には、プロに外注するほうが楽な領域ではあるのですが、ウェブの知識がまったくないと、外注相手の説明もよく理解できませんし、自分のイメージをちゃんと伝えることもできません。お金も無駄にかかってしまいます。

それに、言葉は悪くなってしまいますが、クライアントが知識不足なのをいいことに、大した技術力もないのに、法外な金額をふっかける業者もいます。

相手が信頼できる外注先かどうかを判定する、最低限のリテラシーを身につけるためにも、苦手分野だと思う方ほど、一度はサイト制作にチャレンジしてみましょう。

それに、起業や副業をするつもりのない方でも、これからの時代を生きる社会人には、最低限のＩＴの知識が求められるようになります。本業以外の時間で**ウェブを学ぶのは、社会人としてのスキルアップにつながる**と言っても過言ではありません。

他にも、副業を始めると、そのために必要なことがたくさん出てきます。

それらの**経験全てが、自分を成長させる貴重なインプット**になります。

たとえ短期的に金銭的な利益が発生しなくても、やった分の無形の利益はしっかり得ています。場合によっては、副業の経験によって、本業にいい影響が出ることもあります。

成長という観点から見ても、ネットビジネスは副業におすすめです。ウェブの知識はもちろん、サイトをつくる過程で、さまざまな文章を書く必要に迫られるからです。

文章力は、ビジネス以外の人生においても、ありとあらゆる局面に関わってくるものです。

さらに、小さなものであっても、自分でビジネスをやろうとすると、儲かるか、儲からないかの判断など、社会や同業者の動き、顧客が求めるものを探る必要があります。

このような分析が、社会に出てすぐの若手社員などに求められることは、まずありません。でも、起業家として成功するにも、会社で出世するにも必要な能力です。どんどん、早くから自分で磨いたほうがいいと思います。

ちなみに、0円起業をおすすめする私ですが、インプットについては、何でもかんでも、お金をかけないほうがいい、とは思いません。

Yさんに出会い、衝撃を受けてから、私はYさんや、ネットビジネスの著名人のセミナーに参加してみたのですが、ここでの経験によって大きな影響を受けました。

セミナーって、高額なだけで意味がなさそう、と思う読者も多いと思います。それに、正直で、「損したな」と思ったセミナーもあるにはあります。

それでも私自身は、独立前も独立後も、セミナーや勉強会に参加したことはほとんどなかったのですが、少し後悔したほどです。

インプットで大切なのは、「本気」だと思います。

本気でやらないと、副業をやろうと思って、自分でウェブサイトをつくっても、ウェブの知識や、文章力、分析力は伸ばせません。

同じように、明確な目的意識を持って、「当たり」と言えるセミナーや勉強会に参加したら、大きな学びが得られるのだと思います。ただお金を払って、その空気を吸っていれば、成長できるわけではありません。

「本気」で成長したいと思うなら、元を取らないと、と気合が自然と入るので、出費を伴うインプットにチャレンジするのがおすすめです。

ウェブなどについて勉強するのも、最低限の知識がないと、解説記事などを読んでもピンと来ない、という方もいると思います。

そんなときは、入門レベルの知識を身につけるために、まずは書籍を買って勉強してみてください。

複数の選択肢の中に、無料のもの、安いものがあると、ついそちらを選んでしまいたくなりますが、やはりそれなりの値段がついているものには、それなりの理由があります。

あと、自分のマインドセットの問題もあります。

たとえ、ウェブで同じことを書いている解説記事があったとしても、お金を出して、本を読んだり、セミナーに参加したりすると、意地でも元を取ろうと、こっちが貪欲になれます。

これは、当たり前のことのようで、何気に大切なことです。同じ上司の部下で、成長や出世に差が出るのも、教わる側のやる気の差が大きいと思います。「持って生まれた能力」の違いもあるにせよ、その「能力」は、単に「やる気」だったりすることが凄く多いと思います。

私も、ここ1・2年でビジネス書などの読書量がかなり増えているのですが、本からもかなりの好影響を受けています。

column

投資か浪費か

いつもスタッフに言っている言葉があります。

それは、お金を稼ぎたいと思ったときには、稼ぐことも大事だけど、「お金の使い方」のほうがより大事だよ——というものです。

よく「投資か浪費か」などと言われますが、たとえば5000万円貯めようと思ったときに、月2万円ずつ貯めていくのも大切ですが、それだけではなかなか5000万円は貯まりません。

月2万円ずつだと年間24万円、5000万円までは20年間以上の貯蓄が必要になります。月3万円ずつでも13年以上かかってしまいます。

このようにコツコツお金を貯めていくこともちろん重要です。

ただ、浪費をせずに、投資をする視点で「お金の使い方」を意識していくと、もっと早く5000万円を得られます。

手元に1万円あったときに、飲み代に使ってしまうのではなく、自分を啓発するためにセミナーに参加してみる。本を買ってみる。あるいは30万円手元にあったときに、もっと早く仕事が進むように外注さんにお願いしてみる。

このように、使ったお金が自分の糧になっていくようなイメージで使うことができれば、次第に自分に入るお金が増えていき、月に貯められるお金も膨れ上がっていくようになると思います。

「投資か浪費か」を意識して、お金を使ってみましょう。

足りない部分は仲間を探せばいい

外注思考を持って副業をやるにしても、まずは自分でできることは全てやってみて、レベルを上げてください。

そうすると、自分があまり得意ではない領域が、よりはっきりとわかってくると思います。やる前に、自分の得意と苦手を棚卸しするのは大切ですが、実際にやってみると、想像と違う結果になることもあります。それに、ウェブサイト制作など、副業をすることで、初めてタッチする領域も結構あるはずです。

外注するのは、その「得意ではない領域」がはっきりして、なおかつ、得意じゃないなりに、ある程度は自分でこなせる能力を身につけてからにしてください。

繰り返しになりますが、そうしないと、外注がうまくいかなかったときのフォローができません。信頼できる外注相手かどうかを見極める眼力も、備わっていない可能性が高いからです。

ただ、ずーっとレベル上げをやっているのも、それはそれで問題です。「できるようになってからやる」と言葉で言うのは簡単ですが、「じゃあ、それはいつ?」となると、不安になって、ずっとできないまま、となりがちです。なので、地道な努力も大切だけど、やっぱり見切り発車しちゃう勇気も同じくらい大切になります。

ホリエモンこと堀江貴文さんは、著書『ハッタリの流儀』で、

ハッタリをかます人には共通点がある。それは「根拠のない自信」を持っているというところだ。君から見たら能天気なバカかもしれない。

ハッタリ人間たちは、「やったことはないけれど、きっと自分だったらできるはず」だと信じている。つまり、他人より先に自分に対してハッタリをかましてい

るのだ。

と書かれています。

起業前、堀江さんは、自分がやったことのないウェブシステムの制作案件を振られて、「やります」と即答し、参考書を買い漁って勉強し、無事に何食わぬ顔で納品したそうです。

その結果、アルバイトの時給での稼ぎとは比べ物にならない報酬を得た驚きが、その後のオン・ザ・エッヂ創業につながったそうです。

堀江さんの言葉を借りるなら、自分にハッタリをかませる人は、「自分は起業家になれる！」と見切り発車できるのです。

まるっきり準備ができていない状態では問題ですが、一通りは自分でできる、と思えるようになったら、どんどん仲間を探して、自分は得意な仕事に注力できる体制を整えましょう。

一人で小さく始めて、人を見極められるだけの力量を身につけたら、可能な作業はどんどん外注していく。

そうすることで、小さく始めた事業を、大きくしていくことができます。このように雪だるま式に小さかったものを大きくしていくことが大事だと思います。

私自身も、電通方式の仕事ができるようになってから、一気に事業の規模が広がっていきました。**自分の仕事だけでの一人の腕で、時給・日給的に積み上げられる稼ぎには、どうしても限界があります。**

電通方式が自分でもできる、と気づいた私は、クラウドワークスやランサーズで、デザイナーさんやライターさんを探しました。

そして、みなさんをグループチャットなどでつなげて、「面識ないけど、チームでやらせてもらっていいですか？」と呼びかけました。

自分で言うのも何ですが、こういう行動力には自信があります。外注はあらゆる領域で可能ですが、あえて言うなら、経営者本人に営業力があると得かもしれません。私は会社員時代の経験から、このような交渉や相談には慣れていました。

とはいえ、魅力的なビジョン、サービスや商品があれば、営業や渉外を他の人にお願いすることもできます。

まずは、自分の能力を伸ばしながら、得意分野の棚卸しをやってみましょう。語学が堪能な方なら、サイト制作やデザインについては、より安価で優秀な人を、海外のアウトソーシングサービスから探すこともできます。

私が初めて電通方式で仕事をしたときは、チェックに時間がかかって、労力の割に自分の取り分は微妙……という結果になってしまいました。

それでも、まずはやってみて、経験することが大切です。やはり、いきなりうまくいくことは、そうはないのだと思います。

自分が作業をしなくても仕事が回る体制を構築できないと、ずっとお金でお金を生むことができないままです。**失敗を恐れてやらないままでは、自分の時間の切り売りでしかお金を得られません。**

能力の見極めについては、本当に「ある程度」で十分です。

デザインや文章なら、ツイッターやブログなどで作品をチェックできる方を探してもよいでしょう。

人材の見極めについては、私もまだまだだと思います。きっと達人レベルにならないと、完璧な自信は得られませんが。

でも、そんな時間を費やすくらいなら、最悪、自分でフォローできる規模の案件で、外注も見切り発車してしまいましょう。

そうやって、うまくいったり、失敗したりしながら、人を見る目や、外注するときのマネジメント能力を鍛えるほうが、成長のスピードも上がります。


今の私は、まだまだ社員や外注相手の仕事を統括するディレクター的立場ですが、最終的にはディレクションも安心して任せられる方を見つけて、その仕事も外注したいと考えています。

重要なカギカッコつきの「仕事」も、スティーブ・ジョブズがピクサーのCFO（最高財務責任者）にローレンス・レビーをスカウトしたように、優秀な方に出会い、その能力に見合う仕事や報酬や提示できれば、外注も不可能ではありません。

ビジョンとお金を出したら、後は最終チェックまで、経営者にしかできない仕事に集中する――。

こんな環境が実現できたら、さらにお金がお金を生む状態になるはずです。

CHAPTER 5

大きく育てて、高く売る

継続・転換・売却。三つの方法

0 YEN KIGYO

ZERO

小さく始める前に、「好き」なテーマを選ぶ

この章では、小さく始めた事業を大きく育てるまでの道筋を、私の経験をベースにお伝えします。

ただ、ここで一つ、断っておかねばならないことがあります。

私の経験では、特にアフィリエイト事業での成功が大きく、またアフィリエイトは、努力が成功に結びつきやすく、非常におすすめの「0円起業」でした。しかし、ここ1年くらいでさまざまな出来事があり、初心者が簡単に成功できるビジネスではなくなっています（詳しくはコラムで後述します）。

それでもなお、元手がかからないので、0円起業の選択肢の一つではあります。た

だ、これから私が書く過去の経験が、「現在のアフィリエイトで成功する方法」ではないので注意してください。

まず、何か事業を始める前に、改めて「好き」なテーマを考えてみましょう。

なぜかと言うと、「好き」だからと決めた事業の中にも、さまざまな領域があるからです。

私の場合、「成果報酬型」という、自分のウェブサイトで紹介した商品やサービスが、サイト経由で売れることで広告費が発生するタイプのアフィリエイトサイトに取り組むところから始めました。

この場合、「何を売るのか」が大きなポイントになります。

アフィリエイトと言うと、正直怪しいイメージをお持ちの方もいると思います。実際に、ＳＥＯ対策（検索エンジン最適化）で、商品名やサービス名を不自然に連呼している、紹介文とは呼べない内容のサイトが売上を出していた時代もあります。

ただ、グーグルやヤフーが対応したことで、近年は、ちゃんと読み応えのある内容で、商品やサービスを紹介しているサイトが評価されるようになってきました。特に、

２０１７年の医療系メディア「ＷＥＬＱ」の炎上問題以降は、小手先のＳＥＯ対策のテクニックでは、検索順位が上がらないようになっています。

当時は変なサイトも多かったので、商材として選んだ商品やサービスについて、読み応えのある記事を量産できれば、人気アフィリエイトサイトになりやすかったわけです。

ただ、あくまでも「なりやすい」だけで、読み応えのある記事を量産するのは楽ではありません。

できれば、毎日のように記事を更新したいところですし、それを面白いものにするには、文章力、調査力、分析力が問われます。

そうなると、好きじゃないテーマだと、やっぱり続かなくなってしまうので難しくなります。

毎日働きながら、紹介する商品のことを調べて、文章を書いて、となると、それを調べること自体を楽しめないと、本業の仕事がよほど楽でもないと、正直疲れちゃいますよね。

なので、自分が好きなテーマを考え、それを商材にするのが、アフィリエイト事業においては大切になります。

もちろん、これも私はある程度失敗してやっとわかったことで、最初に選んだ商材は当時アフィリエイトで稼ぎやすいと言われていたカニの通販でした（笑）。カニは食べるのは大好きなんですが、あまり考えなしにサイトをつくってしまいました。

これは、アフィリエイトに限った話ではありません。

極端な例ですが、たとえばあなたが副業でユーチューバーになろうと思ったとしましょう。

インターネットも、動画も大好き、カメラ前、人前でしゃべるのも緊張しない。もちろん、それも大事な「好き」や「得意」ですが、「ユーチューバーとして何をやるか」を絞り込んでいく上で、やっぱり「好き」の再確認はしたほうがよいでしょう。でないと続かなくなってしまうからです。

私が今やるのであれば

・どういうジャンルにするか
・どういうターゲットを狙うか
・最低でも5分以上、30本くらいは語れるテーマはあるか

これくらいは考えます。

少し前の、アフィリエイトで稼ぎやすかった時代には、よく人に「毎日記事を更新して1か月続けられる」テーマにしたほうがいいとアドバイスしていたのですが、他のジャンルでも、30本というのはわかりやすい区切りになると思います。

やることが、記事や動画の作成ではなく、商品開発だったとしても、たとえばサードウェーブコーヒーのお店をオープンしたい、という人なら、自分なりのコーヒーへのこだわりを、30個の記事や動画にできるくらいは持っているはずです。

ですから、「好き」な事業を決めることができたら、再度改めて、事業領域の中で、「好き」を探ることから初めてみましょう。

「下調べ」をしてテーマを確定させる

事業領域の中で、できるテーマが色々ある場合、改めて「好き」について考えることを説明しました。

アフィリエイトなら、何を商材にするか。

インフルエンサーを目指すなら、何の文章や動画をつくるのか。

せどりをするなら、何をメインに取り扱うのか。

そして、好きなテーマを考えたら、一度は下調べをしてみましょう。

ここで改めて、好き／嫌いだけではなく、

・好き／嫌い
・得意／苦手
・儲かる／儲からない

この三つを総合的に判断します。

たとえば、好きだけど、絶対に苦手だろうと感じるテーマがあるとしましょう。

この場合、「好き」の順位は下がっても、ある程度得意なテーマのほうが、取り組みやすい可能性が高いです。

アフィリエイトで言うと、クレジットカードやキャッシング等の金融系の商材があります。

少々極端な例ですが、お金が嫌いな

◎ 三つのものさし

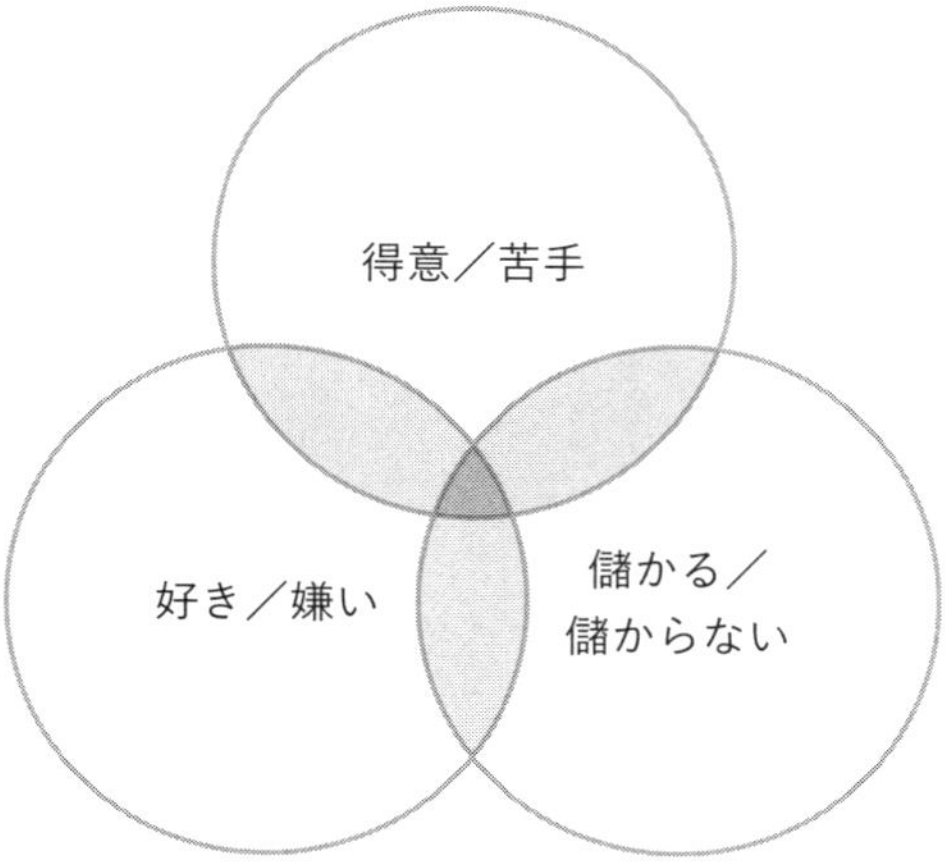

人はほとんどいませんよね。

でも、キャッシングのテレビCMを見ると、リアルタイムで全部読むのは絶対に不可能な、大変な文字数の断り書きが出るように、金融系はデリケートなジャンルです。

これはウェブサイトでも同じで、サイトの記事の文言などに、少しでも不備があると、アフィリエイトの広告代理店・ASP（Affiliate Service Provider）から修正指示が入ります。すぐに対応しないと、広告の出稿自体を取り消されてしまうこともあります。

なので、法律などをふまえて、丁寧なライティングができる人でないと「得意」とは言えないテーマになります。

私自身は、お話ししたように色々なことをやりながら学んでいきました。

でも、今は、成功者の足取りを、無料でいくらでも知られる便利な時代です。このチャンスを活かさない手はありません。

ツイッターを見れば有名な経営者が何をどう考えビジネスしているかをみることができます。

なので、アフィリエイトに限らず、事業を始めるときは、テーマの絞り込みと合わせて、「成功するために必要なもの」を、一緒に下調べするようにしましょう。

たとえば、アフィリエイトでいえば、関連ワードで検索して、人気サイトをたくさん見たり、成功者の解説記事などを見ることで、求められる能力がわかってきます。

一番簡単で確実な、成功するための方法は、成功している人のやり方を真似ることです。たくさん下調べして、どんどん思考を真似しましょう。

私は会社員時代、できるだけ、優秀な先輩とだけ一緒にいるようにして、その人を見て学ぶようにしていました。

うまくいく人は、絶対にうまくいくだけのやり方・考え方を持っています。うまくいかない人は、うまくいかないやり方・考え方をしているからうまくいかないのだと思います。

ここで一つ、気をつけていただきたいことがあります。

インターネットで調べものをするときは、決して一つのウェブサイトだけを参考にしたり、一人の物言いを無条件で信じないようにしてください。

そうする必要は二つあり、一つは、間違った内容を鵜呑みにしてしまわないためのリスクヘッジです。

そして、もう一つは、優れたウェブサイトや発信者をたくさん知って、ブックマークしておくことが大切だからです。

それに、ビジネスのやり方には、どうしても向き不向きがあります。

中身も間違いなさそうな、大成功している本物がいたとしても、その人のやり方と、自分の性格が徹底的に合わないこともあります。その場合は、真似しないほうが無難です。参考にできるところは取り入れ、自分に似た、真似できそうなタイプの、別の本物を探してください。

たとえば、私の会社員時代の営業の師匠は、とにかく行動力の凄いゴリゴリタイプでした。

私の場合は、学生時代に色々と失敗できるくらいには行動力のあるタイプだったので、自分で真似をして、成績を伸ばすことができました。でも、押しの弱いタイプの人なら、もっと向いている別の営業術があるはずです。

ちなみに、儲かるか、儲からないかを検討するとき、まったく先行者がいないテーマを目指すのは考えものです。

よく「ブルーオーシャン戦略」と言いますが、ライバルが全然いないということは、参考にできるテキストなどもない、ということです。また、色々と企業が入ってきて、結局、儲からないと撤退した後の場合もあります。

それは、0から1を生み出せる真の天才なら、最高の状況かもしれません。でも、真似ることも戦略に組み入れるなら、成功のノウハウをインターネットや本で公開している成功者たちが、それなりにいる事業のほうが、むしろやりやすいでしょう。

もちろん、ライバルが多すぎるレッドオーシャンだと、勝ちにくくなるでしょう。でも、その業界にお金が回っているからこそ、ライバルが存在するわけです。いくらブルーオーシャンでも、**魚が全然いない海域で釣り竿を垂らすのでは意味がありません。**

ですから、「儲かる」テーマを考えるときは、すでに似たような事業で実際に儲けている人が、ある程度いるジャンルを探すのがおすすめです。

column

ファンをつくる

この後6章で、インフルエンサーやユーチューバーの話もあるのですが、このようなビジネスは結局、「ファンをつくる」ということになるのかなと思います。

最近では、SHOWROOM（ショールーム）や17Live（イチナナライブ）といったアプリの投げ銭的な制度で、期待している方、好きなメンバーなどにリアルなお金を贈れるシステムも確立されています（換金が可能なポイント制度）。

つまり、アイドル活動をしていて、自分の写真集やポラロイドを買ってくれるファンがいるように、アプリを見ている人が、自分に対して応援しているという意味を込めて、ポイントを贈ってもらえるということになります。

これはリアルビジネスでもそうですが、結局のところ、会社や、その会社がやっているサービスのファンがいて、そのお礼として、手数料をもらえたり、商品を買ってもらえたりするわけですよね。

私の会社でやっているビジネスも同じです。

私という存在や、うちの会社という存在に期待してもらっているからこそ、お仕事がいただけるわけです。

そして、その期待は、一つ一つ積み重ねてきたものによる、私やうちの会社に対する信用があるからこそになります。だから、個人がビジネスをするにあたって、信用情報を積み重ねていくことが重要なのです。

調べた情報をグループ分けする

みなさんは、日頃どんなやり方で情報をまとめているでしょうか。

やり方は自分なりの方法でいいと思うのですが、情報をまとめて整理する習慣のない方は、これを機に、チャレンジしてみてください。

情報はお金にも負けない価値がありますが、うまく使うには、記憶力だけに頼らないほうが無難です。

やり方も、インターネットで調べれば十分です。「情報　まとめ方　エクセル」「情報　整理　Ｅｖｅｒｎｏｔｅ」「マインドマップ　書き方」などと検索してみて、色々と試しながら、自分に合いそうなやり方を探してみましょう。

私は基本的に、エクセルを使って情報を整理しています。

ここで大切なのは、情報をグループごとに分けて、後で参照しやすくすることです。ウェブサイトのお気に入りや、写真を整理するときのフォルダ分けのようなものだと思ってください。

たとえば、参考になったウェブサイトを記録するにしても、事業を始めるときに必要となる、実務的な作業の解説サイトと、起業家として大切な考え方が語られている、スター経営者のインタビュー記事とでは、方向性がまるきり違います。

見たばかりのときは、並列に並べていてもわかるかもしれませんが、後で振り返りたくなったときもそうだとは限りません。そうならないように、「開業前の実務」とか「マインドセット」などと、振り返りやすいタグをつけて分類してください。

また、カテゴリー毎に分類した後も、その中で、さらに重要度を決めて分類し、グループ分けできるとよいでしょう。

最初のうちは確固たる判断基準がないかもしれませんが、自分なりに点数やA〜Eなどのランクをつけて、リストにしてください。

そうやって情報の価値に軽い・重いなどのランクをつけておかないと、リストの内容が多くなってきたときに、重要度による取捨選択ができなくなります。情報は古くなって参考にならなくなることもよくありますし、あまりにメモが多くなっても、振り返る時間がなくなってしまうので、定期的に更新することが必要です。

それに、点数やランクがあると、その評価を後で参照して、自分の変化を知る基準点にすることもできます。しばらくして新しいメモをするときに、「このインタビューに90点つけてるんだ。今じゃ当たり前の話になってるな」みたいな感じで、自分の成長を実感できる機会にもなります。

情報はお金に負けない武器になりますが、ちゃんと使える状態になっていないと意味がありません。

整理する習慣がないという方は、ぜひ日常的に習慣にできるようにしてください。本業の仕事にもプラスになると思います。

1
2
3
4
5
6

小さな事業の育て方①

続けて大きくする

実際に起業・副業をして、ある程度成果が出るようになったら、その事業をさらに大きくしたいという気持ちになると思います。その場合、方法は、大きく三つに分けられます。

①その事業を続けてより大きくするべく活動する
②その事業に割くリソースを減らして、別の事業を始める
③その事業を売却する

私の事業で最初に、大きく育ちそうなところまで行ったと感じたのが、「飲み会」のアフィリエイトサイトでした。

飲み会とアフィリエイトがあまり結びつかない方もいるかもしれませんが、自サイトを経由して、「ぐるなび」や「ホットペッパーグルメ」などのサイトから飲食店を予約したり、有料会員登録をしたりすると報酬が発生する広告があります。とてもお得なクーポンがあったり、「10名以上でお一人様無料」など、幹事が無料になるようなプランがあったりと、意外に記事を書きやすいトピックがあるジャンルで、私も飲み会が好きなので、楽しくサイト更新をすることができました。

この飲み会サイトを1年ほど運営して、ようやく月10万円くらいの収入が見込めるサイトに育てました。これだけで生活するには厳しい金額ですが、副業なら悪くないと思います。

ネットビジネスの場合、初めて月5万円~10万円の収益を出せたときが、今後の方針を検討するタイミングになります。

①のその事業を大きくしていくことは、話としてはシンプルですが、何気に難易度が高いです。

ある程度の規模を超えると、色々な苦労も出てきます。数年単位でやっていると、基本的なことはやり尽くしてしまうのです。事業アイデアを真似るにせよ、どうしても限界はあるので、自分で大きなビジョンを描き、コンテンツを生み出す能力が求められます。

また、一過性の流行に乗った事業の場合、そもそも寿命が短いので、無理に拡大路線に進まないほうが無難な可能性もあります。たとえば、今日本中にあるタピオカドリンク専門店が、来年も全部残っていると思う人はほとんどいないはずです。

それでも、この事業を大きくしていきたいと思うなら、何かしらの形で差別化を図らないといけません。

別の事業を始めるより、すでにやっている事業を育てていくほうが楽だというイメージをお持ちの方が多い気がするのですが、意外に簡単なことではない場合があります。

月に5~10万円稼げる事業を、月に数十万~数百万円稼げる規模にするには、ひと工夫もふた工夫も必要です。個人的には、別の事業を始めてしまうほうが、楽な気すらしています。

◎アフィリエイトの入金のリアル

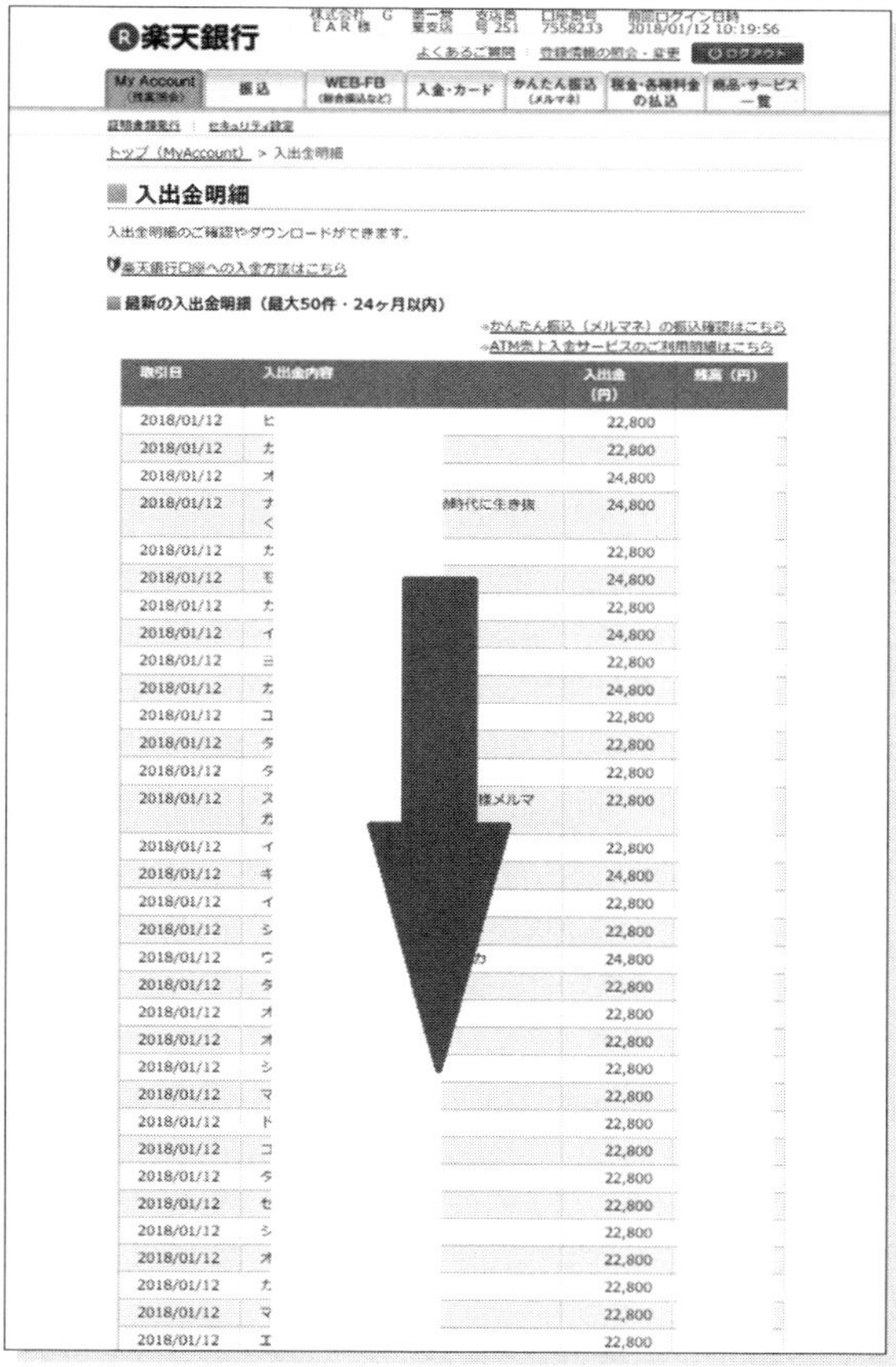

楽天銀行

前回ログイン日時 2018/01/12 10:19:56

よくあるご質問 ｜ 登録情報の照会・変更 ｜ ログアウト

My Account（残高照会） ｜ 振込 ｜ WEB-FB（総合振込など） ｜ 入金・カード ｜ かんたん振込（メルマネ） ｜ 税金・各種料金の払込 ｜ 商品・サービス一覧

証明書類発行 ｜ セキュリティ設定

トップ（MyAccount） > 入出金明細

■ 入出金明細

入出金明細のご確認やダウンロードができます。

楽天銀行口座への入金方法はこちら

■ 最新の入出金明細（最大50件・24ヶ月以内）

»かんたん振込（メルマネ）の振込確認はこちら
»ATM売上入金サービスのご利用明細はこちら

取引日	入出金内容	入出金（円）	残高（円）
2018/01/12	ヒ	22,800	
2018/01/12	カ	22,800	
2018/01/12	オ	24,800	
2018/01/12	ナ 時代に生き抜 く	24,800	
2018/01/12	カ	22,800	
2018/01/12	モ	24,800	
2018/01/12	カ	22,800	
2018/01/12	イ	24,800	
2018/01/12	ヨ	22,800	
2018/01/12	カ	24,800	
2018/01/12	コ	22,800	
2018/01/12	タ	22,800	
2018/01/12	タ	22,800	
2018/01/12	ス 様メルマ カ	22,800	
2018/01/12	イ	22,800	
2018/01/12	キ	24,800	
2018/01/12	イ	22,800	
2018/01/12	シ	22,800	
2018/01/12	ウ カ	24,800	
2018/01/12	タ	22,800	
2018/01/12	オ	22,800	
2018/01/12	オ	22,800	
2018/01/12	シ	22,800	
2018/01/12	マ	22,800	
2018/01/12	ド	22,800	
2018/01/12	コ	22,800	
2018/01/12	タ	22,800	
2018/01/12	セ	22,800	
2018/01/12	シ	22,800	
2018/01/12	オ	22,800	
2018/01/12	カ	22,800	
2018/01/12	マ	22,800	
2018/01/12	エ	22,800	

自分の棚卸しをして、コンテンツや商品などを販売できるようになっていくと、このように買ってもらえるようになります。

小さな事業の育て方②

別の事業を始める

続いて、②について見ていきましょう。

前項で触れたように、ある程度の収益を上げている事業を、継続することで大きく育てるには、差別化のアイデアがほしいところです。どうしてもそのアイデアが浮かばない場合は、②の方法を選ぶのがベターです。

ちなみに、まったく別の事業ではなく、同じ事業の別領域でもＯＫです。

たとえば、私もアフィリエイト事業では、そのような展開をして、事業を育てていきました。飲み会のアフィリエイトサイトとは別に、化粧品だとか、別の商材のアフィリエイトサイトをつくり、同じ事業で成功したやり方を、別のテーマで実践しました。

人気ユーチューバーが、テーマの違うサブチャンネルを開設したり、ＴｉｋＴｏｋ

など、別のプラットフォームで活動するのも同じことです。

イチから事業を始めて、ある程度の売上が見込めるところまで育てるのも、当然楽ではありません。ただ、そこでつちかった能力は、一度そこまでの成功を経験できると、比較的再現が容易になっていくと思います。なので、自分のレベルがそこまで上がっていれば、比較的やりやすいのではないでしょうか。少なくとも、「応用」的な、差別化をしないといけない発想を生むよりは簡単な気がします。

開業資金が結構必要なタイプの事業だと、そう単純な話にはなりませんが、0円起業なら、理屈としては「月50万円売り上げる一つの事業」も、「月10万円売り上げる五つの事業」も、規模としては同じようなものです。

また、**複数の事業やテーマを手がけることは、リスクヘッジにもなります。**

同じ事業にしても、一つのテーマだけだと、急にその商材が不人気になったりすることもあります。先ほど触れたように、アフィリエイトの場合、自分の失敗で広告出稿を取り消されてしまうこともあります。複数の商材でサイトを運営していると、そのような事態があっても、売上がゼロになることは避けられます。

そして、そもそもその事業自体が、儲けにくくなってしまうことも珍しくありません。これも先ほど触れましたが、実は今年、アフィリエイト業界にはかなりの激震が走っていて、引退してしまった著名なアフィリエイターもいるほどです。私の知り合いでも売上の落差でうつ病になった人が二人います。

私の会社は数年前から、アフィリエイト以外の事業にも色々と進出していたのですが、そうしていなかったら、うちの会社も大変だったかもしれません。


そして、自分の可能性を広げる意味でも、別の事業やテーマにチャレンジしてみることは大切です。

「好き／嫌い、得意／苦手」を真剣に棚卸しして事業を始め、実際にある程度の成功を収めたとしましょう。

でも、それが自分に本当に合ったビジネスであるとは限りません。

経営者としてのレベルが上ったことで、もっと自分に向いた事業や、チャレンジしてみたいテーマが見つかることもあります。

そんな興味や発見があったときは、どんどん見切り発車でやってしまうことをおすすめします。実際、私自身も「せっかくここまで成功したのに、他のことをやって失敗したら怖いな」とアフィリエイト事業にしがみついていたら、今頃この本を書けていなかったかもしれません。

ただし、①と②のどちらが正しい、といった話ではありません。

実際の経営においては、外注をうまく活用して、特に力を入れたい事業を伸ばしつつ（①）、多角的経営を目指し、二の矢三の矢と放っていく（②）ことも可能です。

決して相反するものではないので、この二つの方向性を意識するときは、みなさん自身の「得意」がどこにあるのかを考えましょう。

あくまでも理想は、自身が注力したほうがいい領域を明らかにして、それ以外の部分で上手に外注を使いこなして、①と②のいいとこ取りを実現することかと思います。

小さな事業の育て方③
事業売却という選択肢

最後の③は、「その事業を売却する」です。

ネットビジネスだと、サイトの売却という形で、簡単な事業譲渡が日常的に行われています。「サイト　売買」で検索していただければ、「サイト売買Z」「サイトレード」「ビズリーチ・サクシード」など、さまざまな売買サイトが見つかるはずです。実は私も、すでに手放した事業がいくつもあります。

M&A、といった頭でっかちな大きな話ではなく、サクッと育ててサクッと売る、といった感覚です。

アフィリエイトサイトの場合、大体1か月の売上の24ヵ月分が相場でした。現在アフィリエイト市場は先行きの不透明感が強いので、多分その半分くらいになる気がしますが、毎月約5万円の売上があるサイトの場合、75万円～150万円で譲渡できる可能性があります。

すでにお気づきの方も多いと思うのですが、この選択肢も、①や②と相反するものではありません。

たとえば、ある事業をより大きくするために、外注さんをたくさん使う資金を得ようと、別のネットビジネスのサイトを売って現金化する——といった①のための売却（複数の事業をやっている必要がありますが）や、新規事業のいいアイデアが思い浮かんだけど、元手がかかるアイデアなので、そのための資金をつくる——といった②のためのサイト売却もあります。

売買サイトの価格一覧

受付状況	案件名	希望価格	月間売上	月間コスト	月間PV	登録日（編集日）
受付終了	【15,000ページ以上】葬儀・葬祭の総合情報サイトの譲渡	270,000円	0円	0円	0	2019/03/25
受付中	制作費60万円以上！【婚活サイトのアフィリサイト4サイトまとめて】	720,000円	36,000円	300円	8,900	2019/03/25
受付中	年末に向けてあがってくる【かに】通販のコンテンツサイト！	8,300,000円	380,000円	120,000円	47,000	2019/03/21
受付終了	【現役プログラマーがライティング】プログラマー転職サイトです!! デザインとコンセプトもしっかりしてます!!	278,000円	25,448円	200円	1,202	2019/03/17
受付終了	飲む日焼け止めサプリランキング決定版	338,000円	58,169円	300円	10,826	2019/03/17
受付中	値下げ！【3年運用】キャッシング・債務整理系のめちゃすごいコンテンツサイト	2,980,000円	120,000円	4,000円	38,000	2019/03/14
受付終了	初心者にも◎！EDや性病などの悩みに役立つアイテムを紹介するアフィリエイトサイト	216,000円	13,000円	200円	3,300	2019/03/12
受付中	【運用歴3年！】ユーザーからのコメントも来る金融系サイト	3,980,000円	120,000円	4,000円	38,000	2019/03/07

売上・利益の１年分以上が希望価格となり、取引されています。
（サイト売買屋さん（http://xn--eck7a6c879tprd955g.com/）から引用）

私の会社でも事業の売却は、基本的にはゴールではなく、これからの事業を、よりスピードアップさせるリソースを得るための経営判断となることが多いです。

そして場合によっては、事業の売買そのもので、利益を出すことも可能です。それなりの経験と勘の働きが求められますが、私は150万円で買ったサイトを、2日後に250万円で売却したこともあります。

まさに、「お金でお金を生む」行動の最たるものですが、当たり前ですが150万円の元手がないとできないビジネスにはなります。また、同じように、2千万円あれば、すぐに3千万円にできるようなチャンスも意外にあるものです。

なので、チャンスと思ったときに、すぐ動けるだけのキャッシュを持っているということが最大の武器になります。そのための手段として、事業を売却するという選択肢もアリかもしれません。

また、このような例もあったりします。以前、車のクリーニングの圧倒的な腕前で有名な整備工場をテレビで見たことがあります。

そこの常連さんは、クリーニング料金以上に必ず査定金額が上がるので、車を売るときは、絶対にそこでクリーニングをしてもらってから売却するそうです。

同じように、デザインセンスに自信のある方なら、デザインが微妙なわりに利益を出しているウェブサイトを買って、見た目を良くして高値売却を狙う、というビジネスも成立するということになります。

少し話は逸れますが、私はよく同業者に「サイトを高く売るのが上手だ」と言われます。ただし、私自身は特別なことを、それほどしているわけではありません。

その秘訣は、シンプルに手数をかけているだけなのです。

売買サイトは登録するだけなら無料なので、私は売るときに、何十という売買サイトに登録しています。そして、その中に、一般的な相場より高い値段をつけたものも入れておくのです。

不動産の売却のように、ウェブサイトも、売り主が早期の現金化を求め、相場よりお得な売りが出ていることもあります。

また反対に、相場より高い値段でも売却が成立することもあります。たとえば、「月10万円の売上があるサイトがほしいけど、自分の大好きなテーマのサイトなら、

400万円まで出してもいい」と考える人もいるわけです。

努力だけではなく運も大きい部分ですが、そのタイミングが噛み合うと、自分でも驚くような、意外な高値売却が成立することもあります。

column

手数を広げるということは、可能性が広がるということ

私は、サラリーマン時代、とにかく営業電話をかけまくることを仕事にしていました。

周りの人間が100件かけているところを200件電話する、300件電話するというようなことをしていると、不毛なようでいて、チャンスが広がる体験をしました。

読者のみなさんも、とにかく行動してみてください。「0円起業」を始めたとして、メルカリでもヤフオクでも、出品できるものは〝とにかくする〟。〝しまくる〟。というようにしていくと確実にチャンスは広がります。

求人情報であれば、インディードにも載せる、Find Job!(ファインドジョブ)にも載せる、タウンワークにもanにもバイトルにも載せる、というようにすれば、それだけ求人が集まります。同じように、仕事を探すのであれば、クラウドワークスやランサー

ズ、ココナラ、シュフティなど、とにかく同じようなサイトに登録しまくって仕事を探せば、絶対に自分のできる仕事にぶつかるはずです。

SNSでの拡散を狙うのであればユーチューブ、インスタグラム、ツイッター、アメブロなど色々あります。アカウントを複数つくることもあるでしょう。そのように手数の多い活動をしていれば、思わぬところでバズったり、個別で取材のインタビューが来たりします。

「手数を広げるということは、可能性が広がるということ。チャンスが増えるということ」と認識して、とにかく行動しまくりましょう。

話を戻しましょう。

個人的には、私はこれからの副業・起業はどんどん売却していくべきと考えています。起業の出口は、コツコツ10年20年とがんばった先にある、というイメージが一般的なように思うのですが、これからはどんどんサイクルが短くなっていく気がしています。昔は上場だったゴールが、バイアウト（売却）という出口もあると多く認識されるのではないでしょうか。

これは、次の事業の元手などにもなる資金を得ることに加えて、リスクヘッジにもなります。常識やプラットフォームがどんどん変わり、長続きしない時代、サクッと売るほうが安全です。

すでに経営から離れている、ある人気ラーメン店の創業者のお話を伺ったことがあるのですが、その方は最初から、ブランドを確立したら早めの売却を考えていたそうです。

その理由は、創業前にラーメン界の歴史を勉強したところ、数十年と続く店はほとんどなかったからだそうです。そこで、せいぜい拡大しても20店舗くらいまでにしていくことにし、それ以上の規模は目指さず、話が来たらすぐに売ろうと考えたのだと言います。

これは、非常に現代的で、クールな考え方だと思います。

もちろん、事業に愛着を持って、どんどん大きくしようとすることが悪いとは思いません。でも、事業は意外に簡単に売却できる（特にネットビジネスなら）ということは、覚えておいて損はありません。

column

買収という選択、バイアウトという選択

事業を拡大していくときには、「雪だるま式」に増やしていくということが大事です。

実際に私の会社でも、そのことをかなり意識してビジネスをしています。

最近ではCASHというアプリをつくり、DMMに70億円で売却した光本さんという方がいましたが、この光本さんのことを調べてみると、今までも多くのサービスをつくっては売却し、その都度手に入れた資金で、また新たなサービスを開発するということを繰り返しているようです。

これこそまさに「雪だるま式」の儲け方なのですが、私も同じように、買収やバイアウトを繰り返して売上を大きくします。

一番最初は、自分のつくったサイトを90万円で売ったことがきっかけでした。

今度はその90万円で別のサイトを2、3個つくり、また売却して資金を調達する。

そういうことを繰り返していた結果、年商1億円を突破することができ、以降も同じように売上を出すことができています。

私の中で一番大きな取引は、4000万円ほどで売却したケースなのですが、その売却益のうち、500万円は婚活事業に。1000万円は新規事業に。と投資に使っています。

ここでも、お金を浪費ではなく投資に使う。お金を回すイメージです。

そうして投資を続けた結果、婚活事業のほうは、今では月に数十万円の安定的な利益を得られるようになりました。今後もその収益を、さらに次の投資に使う予定です。

このように、事業をつくってはバイアウトしていくことで、キャッシュを得、また次の投資に進めます。

事業を大きくすることも重要ですが、バイアウトという選択肢も視野に入れていけば、ビジネスの幅が広がるかと思います。

CHAPTER 6

0円起業のヒントを探す

ケーススタディを真似る

0 YEN KIGYO
ZERO

0円起業のヒントは、そこかしこにある

働きながら、0円起業を小さく始めるとき、一体どんな事業をすればいいのでしょうか。

「これだ！」と思える、参考にできそうな人がいたら、事業内容を真似してもいいと思います。しかし、自分で思いつくことができれば、起業家として一段上のステージに行けます。

この章では、私が考えているアイデアや、他の方がされている、私が見事だと感じた0円起業の例をご紹介していきます。

大切なのは、とにかく情報を仕入れることです。

普通の人は、何度も何度もＴＴＰ（徹底的にパクる）ということを繰り返して、やっと自分の中からアイデアが出てくるようになるかと思います。そして、そうやって生まれてくるアイデアも、厳密には完全にゼロから生まれたものではなく、これまでの経験や、インプットした情報が積み重なり、混じり合った結果として出てくるものだと思います。

たとえば、私が、ウェブサイトの売買を知ったのも、あるセミナーでのことでした。この情報自体も貴重なものではあったのですが、それだけでは、サイト売買自体で利益を出す発想にはたどり着きません。サイトをより高値で売却するテクニックもそうです。

私がサイト売買を、それなりにうまく使いこなせることができたのは、自身のアフィリエイト事業や、アウトソーシングサービスで外注として仕事を受けていた大小さまざまな案件によって、経験値を積み上げてきたからです。

色々なウェブサイトをイチから、人手も使いながら作成したことがあるので、私はサイトの正しい費用感がある程度わかります。それを踏まえて売買サイトの値段を眺めると、ビジネスチャンスに気づくこともあるわけです。

同じように、私にはわからないけど、見える人には見えるビジネスチャンスも、実は世間にはたくさんあるように感じます。

その「ビジネスチャンスが見えるチャンス」をできるだけ逃さないためには、自分のレベルを上げていくしかありません。

なので、しつこいようですが、まずは成功例を真似ること、とにかくどんどんやること、情報に触れることが大切になってきます。

この章で知った0円起業のアイデアを、そのまま実践しようとしてみるのももちろんアリです。場合によっては、そのアイデアを見たことで、あなたの持つ強みと化学反応が起きて、新しいアイデアの種が生まれる可能性だってあります。

情報収集するツールとしては、ニュース、新聞、ネット、テレビ、知り合い経由で聞くなどなどありますが、ここ最近、私が見ているのはワールドビジネスサテライト、ガイアの夜明け、カンブリア宮殿などのテレビ東京の夜10時台の番組や、グノシー、スマートニュース、ツイッターなどになります。

特にツイッターは、孫正義さんなどのすごい経営者などもやっています。そういうすごい方の思考（脳みそ）を無料で覗けるチャンスなので、見ない手はないと思っています。

また新聞やニュースなどで、意識してみてほしいのは、自分が遮断している情報です。スマートニュース、グノシーなどは自分が好きなものなど、自分に合ったニュースが出てくるような仕組みになっていますが、これだと逆に自分の外側にある、全く知らなかった世界や、物事に触れるチャンスが減ってしまうということになります。

その点、雑多に並んでいる新聞などは、普段だったら自分で見ていなかったであろう記事でもふと目に入った瞬間に意識して読むというようなチャンスが生まれます。

普段自分の好きなもの・意識しているものだけでは得られないチャンスがそこにはありますので、そういう点ではあえて新聞やニュースなどをザッピング（流し読み）することも非常に大事だと、私は思っています。

0円起業事例①

「電通方式ビジネス」

ここからは、0円起業の実例や、私の考えるアイデアを紹介していきます。

まずは、前にも書いてありますが、私の考える「電通方式ビジネス」についてです。

本来であれば、私が0円起業として実際に始めて、ある程度の成功を収めるに至ったアフィリエイト事業について、詳細にお伝えするつもりでしたが、すでに書いたように、アフィリエイト事業の難易度はかなり上がっているのが現状です。

それなら、別のもっといい、ネットビジネスの0円起業として、「今、自分がネットビジネスを小さく始めるなら、これだ！」と思えるのが「電通方式ビジネス」です。

これは、4章で触れた電通方式を、そのまま事業として行う格好です。要するに、ある案件を受注して、受注金額よりも安く外注して、その差益で利益を出す事業です。

当たり前といえば当たり前ですよね。

肝心なのは「何で行うか」です。

アフィリエイトや、せどりと同じように、事業領域が広く、外注が可能な仕事なら、理屈上は何でも可能なので、テーマを絞らないといけません。

そのために必要なのは、前述したようにアウトソーシングサービスのチェックと、自分の能力の棚卸しになります。

外注を依頼するときは、最悪自分で全部フォローができないといけないので、まず、自分にできる仕事を探す必要があります。

私の場合は、会社員時代の経験や、アフィリエイトサイトの作成をやっていたので、サイト制作や、中身の文章の執筆などの仕事を受けて、電通方式で差益を得ていました。

そんな、自分ができそうな案件を、クラウドワークスやランサーズ、ココナラといったアウトソーシングサービスで探してみてください。これは、ザッと見る、という程度ではなく、徹底的に見てください。同じような内容でも、価格が全然違ったりします。そういうレベルや相場観の幅を知ることも大切になります。

また、現状ではできないけれど、「好き」だと思えるタイプの案件を探すのもいいでしょう。

アウトソーシングサービスには、ネット上で成立するものだけに、必然ネットビジネスの案件が多くなります。また、何度か述べたように、どんな事業をするせよ、ウェブなどの知識は絶対にあったほうがいいので勉強と思ってやりましょう。

今はできなくても、勉強して、やってみたい案件を受注できるところまで成長するのを目標にするのも良いと思います。それも、立派な起業家への第一歩になります。

ただ、その能力が身につくのに何年もかかるようだと問題なので、勉強してみて、明らかに苦手だなと思ったら、違うタイプの案件を探すほうがよいでしょう。

「何をするか」を決めたら、後は徹底的にアウトソーシングサービスを探してください（現時点で能力が足りていないテーマで電通方式ビジネスをしたい方は、自己研鑽する必要があります）。

基本的には、あるテーマがあったら、必ずそれを発注する案件と、受注したい人の双方がいるものです。

たとえば、サイト制作なら、「○○なウェブサイトを20万円でつくってください」というクライアントと、「○○なウェブサイトを10万円でつくります」というフリーランスの双方がいます。逆に言うと、当たり前ですが、発注者か受注者、どちらかしか見つからないテーマだと電通方式ビジネスはできません。

ここで大切なのは、文字通り〝徹底的に〟見ることです。

5章で、私のサイト売買の秘訣は、とにかく手数をかけることと書きましたが、同じように、時間をかけて、たくさんのアウトソーシングサービスを網羅して、徹底的に案件やその内容、募集価格をチェックしてください。単に、

A：20万円のサイト制作依頼
B：10万円のサイト制作希望者

が見つかればOK、といった話ではありません。

Aが求めるサイト制作の能力と、Bが対応できるサイト制作の能力が同じとは限らないですし、Bが「Aが求めるレベルのウェブサイトをつくれます」と自称している

けど、実際にはそんな能力がない可能性もあります。

正直、仲介手数料をとれる金額の発注者と受注者を見つけるだけなら、そこまで難しくありません。でも、実現可能性が高く、もしものアクシデントがあっても、自分で引き取ってクロージングできる案件かどうかを見極めるには、それなりの能力と経験が必要不可欠です。ここで必要となるのは、目利き力とマネジメント力ということになります。言うなれば、企業内でいうディレクションという仕事と同じです。

元々私がおすすめしたかったアフィリエイト事業も、最初の半年から1年はほとんど売上が見込めないのがほとんどです。そう考えれば、いきなり電通方式ビジネスで利益を出すのは不可能と割り切り、1年くらいは修業期間と思って勉強したり、私のように、アウトソーシングサービスで外注される側になって経験を積んだりするのも苦にならないのではないでしょうか。

ゴールが見えないまま、勉強したり外注仕事を受けたりするのは苦しい思いがするかもしれませんが、その先に、外注仕事のギャランティだけではなく、経営者としての収益も待っていると考えれば、勉強にも真剣に打ち込めると思います。

そして、徹底的に探す上で、特に注視してほしいのが受注側の金額です。

一見、一番大切なのは発注側の案件の金額と思われがちですが、探してみると驚くほど、安い金額で案件を受注する登録者がいるものなのです。

さすがに、サイト制作のような専門性の高いものでは見つかりませんが、単純作業なら1円で受け付ける、という方までいます。要するに、極端な話、100円の案件でも、中抜きで利益を出すことは不可能ではないのです。

正直、なぜそこまで安く受け付けているのかはわからない部分もありますが、

・1個商品を組み立てて1~2円くらい、といった内職的仕事でいいから、自分の好きな時間に簡単にできる仕事がほしい
・メルカリやヤフオクの出品者の評価のように、こなした案件数や受注者からの評価でステージが変わるアウトソーシングサービスにおいて、初期のうちにたくさん受注するための措置
・仕事をリタイアされた方が、社会とのつながりを持ちたくて、価格は度外視している

おそらく、このような方が多いのではないかと思いますが、とにかく1円で作業を受ける方は、確実にいます。

専門性の高い作業にしても、10万円でサイト制作案件を募集しているCさんより、5万円で同レベルの案件を募集するDさんのほうが、実はスキルが高い——なんてことも普通にありえます。

「何でするか」の見極め、経営者自身が案件を遂行できる能力、案件や受注者を徹底的に調べる根気とリサーチ力が求められますが、この電通方式ビジネスなら、自宅でできて、人件費もか

◎競合などは徹底的にリサーチ

	A	B	C	D	E	F
1	サービス名	サーバー会社	サイト売買	中古ドメイン	WP有料テンプレート	ASP
2	1	Xサーバー	サイト売買Z	中古ドメイン販売屋さん	TCD	レントラックス
3	2	ヘテムル	サイトストック	アクセス中古ドメイン	オープンケージ	バリューコマース
4	3	ロリポップ	GMOのMA	ザンワーズ	saruwaka	A8
5	4	バリューサーバー	サイトレード	中古ドメイン検索.net	Diver	afb
6	5	コアサーバー	サイトキャッチャー	ウルフドメイン	JIN	JANet
7	6	ラクサバ	リサイト（ReSite）	パイレーツドメイン	AFFINGER5	アクセストレード
8	7	チカッパ	サイトマ	留学JP	isotype	xmax
9	8	Zサーバー	サイトバンク	お名前.com	DigiPress	AFRO
10	9	クイッカ	サイトハント	ドメイン工房	Dolce & Vivace	イークリック
11	10	お名前	チェンジ	アクセスジャパン	Alpha	アフィリサイト
12	11	セブンアーチザン	Awesome（オーサム）	中古ドメイン無料販売所	Grazioso	チャレンジング・ジャパン
13	12	WPX	シテマ	agent	Cloud Nine	アムルメディア
14	13	さくら	WEBRICH	セブンアーチザン	賢威	サブライムストア
15	14	CPI	サイトボックス	ドメインオーソリティー	Minimal WP	バナーブリッジ
16	15	スターサーバー	サイトバリュー	·	Emanon	キーワーズアフィリエイト
17	16	99YENレンタルサーバー	サイト売買ナビ	·	·	FC2アフィリエイト
18	17	リトルサーバー	zestus	·	·	Smart-C
19	18	エクストリム	プレミア M&A	·	·	infotop
20	19	mixhost	M&Aマーケット	·	·	もしもアフィリエイト

私が、ライバル会社などのリサーチの際につかっているエクセル資料です。調べるときはジャンルごとに徹底して調べます。

からず（案件をちゃんと遂行できれば、外注さんに払うギャランティは発注者負担）、仕事をつくるための商品代や開発費もかかりません。

「0円起業」度合いで言えば、かなり究極と言えるものなのではないでしょうか。

0円起業事例②

「地代家賃の0円起業」

続いては、私が情報をインプットしていく中で知った、他の起業家の方々の「0円起業」の事例を、カテゴリー別に分けてご紹介していきます。

まずは、地代家賃「0円起業」から。

これは、自宅でネットビジネスを始める、といったものではないです。固定費を抑えるのは大切なので、自宅でできる事業なら、無理せず自宅でやるべきだと思いますが、ここで紹介するのは、「普通なら地代家賃がかかる事業」のお話です。

逆に言うと、「普通はゼロにならない」とみんな思っている費用を抑えるからすごいわけです。

汁なし担々麺専門店「担担担（タンタンタン）」は、飲食店の間借りで営業する担々麺屋さんです。

２０１８年10月に東京都渋谷区で1店舗目をオープンし、２０１９年9月現在、２店舗で営業中という異色の飲食店です。

近年、昼と夜で業態が変わる飲食店や、「担担担」のような、夜だけ営業する飲食店の昼時間帯を借りられたりする間借りサービスの利用が増えています。

もちろん、間借りサービスを利用するには、その利用料金が必要になるわけですが、間借り飲食店の場合は、地代家賃の初期費用がほぼゼロ、と言えます。

普通にイチから飲食店をやろうとすると、内装や什器、食器などを揃える費用を抜きにしても、物件の初期費用がかかります。前家賃や保証金だけで数百万円かかることも珍しくありません。

しかし、間借りなら、利用期間の料金を払うだけで済みます。それが安い金額とは言いませんが、普通にやる場合の金額と比べれば、立派な0円起業だと思います。

私が「担担担」を凄いな、と思うのは、飲食店というよりも、「間借り」の可能性に強くフォーカスされているように見える点です。

普通、間借りサービスは、地代家賃や人件費を抑えるために、自分一人か少人数でやるものだと思うのですが、それで複数店舗に広げていくセンスが凄いと思います。

間借り飲食店で成功→自分だけの店を正式オープン、ではなく、間借り飲食店で成功→間借り飲食店の多店舗展開、なのだから、明らかに間借りにフォーカスしています。代表の斉木祐介さんのツイッタープロフィールにも「間借り飲食で世の中おもしろくしたい」とあります。起業家として凄いなと思います。

そんな「担担担」代表の斉木さんは、ＲＡＤＷＩＭＰＳを結成し、ギターを担当していたという異色の経歴の持ち主です。

ＲＡＤＷＩＭＰＳを18歳で脱退して以降もギタリストとして活動していたものの、23際のときに脳梗塞を患い、ギターが弾けなくなってしまったそうです。その後、さまざまな仕事を経て、昨年シェアレストランサービス「軒先レストラン」で間借り先を見つけ、「担担担」をオープンされています。

元々斉木さんは、「Ａｉｒｂｎｂ（エアービーアンドビー）」で部屋を貸していたり、撮影スタジオを経営した経験があるそうで、スペースの貸し借りへの理解と興味があり、間借りサービスに目をつけるのも自然なことだったそうです。このように常にアンテナをはっておくことによって、色々なビジネスチャンスが得られます。

一方、間借りから正統派のステップアップを果たした例もあります。2019年8月8日に、同じく渋谷でオープンしたばかりの飲食店「かつお食堂」は、元々2017年11月から、バーを午前中に間借りして営業していたお店だそうです。

このように、0円起業の事例を調べていく中でもやはり、

・好き／嫌い
・得意／苦手
・儲かる／儲からない

この三つは大切だな、と改めて感じました。

斉木さんが「担担担」を始めたのは、元々汁なし担々麺が好きで、食べ歩きをしていたら、自分でやりたくなったのがきっかけだそうで、「好き」を満たしています。

料理は家でするレベルだったそうで、開店にあたってレシピ開発やオペレーション習得のために、飲食のプロをパートナーとして指導を受けたそうです。一方、これまでの仕事で経験があったため、ウェブサイトやロゴデザインは自分で手がけているとのこと。

これまでの経験を活用し、自分に不足している部分は外注を活用しているいい例だと思います。

「好き」については「かつお食堂」の永松真依さんも物凄いです。

勤め人だった永松さんが、田舎で祖母がかつお節を削り機で削る姿に感動して、かつお節の世界にのめり込み、遂には永松さんが厳選したかつお節を、注文を受けてから削って、ご飯にたっぷりかけて提供する飲食店をオープンするに至ったそうです。「かつおちゃん」と呼ばれ、自分の前世はカツオだったと確信する永松さん、「好き」のレベルが振り切れていますよね。

飲食店を他で働きながらやる、というのは難しいと思うので（調理・接客を外注することも考えられますが）、同じことを副業としてやるのは難しいかもしれませんが、斉木さんや永松さんの事例を見ると、「どんな0円起業をするのか」を考えるときは、「好き」をベースに考えるといいのかもしれない……とも思いました。

たとえば、永松さんのようにかつお節が好きでしょうがなく、それを仕事にしたいと思ったら、かつお節の製造販売業者になるか、「かつお食堂」のような飲食店をやるか、といったところだと思います。

でも、「0円起業」をするなら、製造工場が必要不可欠な前者は正直不可能です。でも、後者なら、地代家賃をほぼゼロにできたら、実現可能かも——といった順番で考えていく。やりたい事業に必要なものをリストアップして、ほぼゼロ、あるいはゼロにできるものがないか、考えてみるわけです。

昔なら、飲食店をやるには、高い保証金も含めた地代家賃が必要不可欠だったかもしれませんが、間借りサービスができたことで、飲食店の0円起業が実現可能になっています。

同じように、一昔前の常識では、小さく始めるのが不可能だった事業も、ＩＴの進化と、シェアリング・エコノミーの概念が広がったことで、実現可能になっているかもしれません。

そういった社会の進歩に気づき、乗り遅れないようにするためにも、日々のリサーチや情報は本当に大切です。

0円起業事例③「人件費の0円起業」

続いては、人件費の「0円起業」です。

人件費も、地代家賃と並んで、経営に大きくのしかかる固定費ですよね。

これを鮮やかに解決したのが、東京都武蔵野市の無人古本屋「BOOK ROAD」です。無人店自体は、それなりにあるもの。コインランドリーとか、「店」と言っていいかはともかく、コインパーキングなどもそうです。でも、これらで0円起業というのはちょっと考えづらいです。人件費以外の費用が、どう考えても相当かかりますよね。近いのは野菜の無人販売所ですが、これも売り物をつくれる農業あってのものです。

しかし、「BOOK ROAD」を営む中西功さんは、元々無人販売所のような本屋をつくれないかと思っていたそうです。

1
2
3
4
5
6

ただ、実践するには至らなかったある日、今「BOOK ROAD」になっている物件をたまたま見かけ、無人店舗なら、働きながら兼業できると考えオープンを決意したそうです。

気になったのは、本が盗まれないかどうか。しかし、読書家の中西さんは、最初のうちは自分の蔵書だけを並べていたので（商品代の0円起業でもある）、仮に盗まれてもダメージは小さいことや、社会実験的に試してみたいと考えたことから、無人での営業を決めたそうです。

そして、現在まで約6年間、盗難は一度もないとのこと。人通りのある商店街の一角であることもあるにせよ、驚きです。それどころか、売り物にしてほしいと、本を置いていったり、送ってくれる人もたくさんいて、開業後の仕入代においても0円起業を実現されているのです。

この「BOOK ROAD」の凄いところは、やり方の〝丸パクリ〟が公認な点です（笑）。家に本がたくさんあって、ちょうどいい物件が近くにある人は、すぐに始めることができます。

町の本屋さんがどんどん減っていく昨今、日本中に本屋を増やしたいと考える中西さんは、やりたいと思う人には、無人古本屋のノウハウをどんどんシェアしてくださるそうで、実際に、宮崎県日南市の油津商店街には、「BOOK ROAD」を参考にした無人古本屋「ほん、と」がオープンしています。

ちなみに、中西さんは勤めていた楽天株式会社を退職し、2019年7月に「ブックマンション」という有人古書店をオープンしています。「ブックマンション」は、棚貸しを行い、棚のオーナーが持ち回りでお店に立つルールになっています。古本屋がやりたくて、月に数日は自由にできる、という仲間が何人か集まれば、有人の店舗も運営できるかもしれません。中西さんはこのやり方も、どんどんシェアしたいそうなので、興味のある方は連絡されるとよいと思います。

「BOOK ROAD」のアイデアは、色んなものに応用できると思います。ぜひ、みなさんの「好き」と組み合わせて、何か事業を考えてみてはいかがでしょうか。

それに、前項で触れたように、今は難しくても、そのうち余裕ができ、実現可能になることも多いと思います。たとえば、本じゃなくて、もう少し単価の高い雑貨や服などを商品にしたら、盗難のリスクが高まるかもしれませんが、現在の無人コンビニなどに使われている技術が、スマホアプリとスマートデバイスくらいの組み合わせで、今よりも簡単に使えるようになる日はそのうち来るはずです。棚の商品の重さが減ると、自動的に施錠されて、決済が終わるまで鍵が開かないとか、そんなシステムも技術的には可能なはずです。

無人店舗の発想も、色々と可能性が広がっている気がします。

0円起業事例④
「商品代の0円起業」

続いて、商品の仕入れや、製造・開発にお金がかからない、商品代「0円起業」です。

商品代ゼロ、自体はそこまで珍しいものではありません。

アフィリエイトなどのネットビジネスが代表的ですが、それ以外にも、コンサルタントのような知識を売る仕事もそうです。形あるものを売るにしても、「BOOK ROAD」のように、自分の所有するものを売る分には、仕入れ費用はかかりません。

しかし、世界は広いです。想像もつかない0円起業はやはりあるもので、ここでは「村田商會」の事例を紹介します。

「村田商會」は、現在は喫茶店を開業し、そこで食器周りの小物なども販売されていますが、メイン事業は、喫茶店で使われていた椅子やテーブルなどのネット販売です。
「村田商會」の村田龍一さんは、学生時代からレトロな喫茶店が好きで、25歳のとき、閉店が決まっていた喫茶店のマスターに、家具がどうなるのか尋ねたところ、捨ててしまうと言うので、もったいないと思い譲り受けたそうです。

そのとき、開店から数十年経った喫茶店の家具は、アンティーク家具でもなく、新古品でもなく、ジャンルとしてまだ確立されていないと感じた村田さんが、後に勤めていた会社を辞めることになったときに、事業化したのが「村田商會」です。

村田さんは元々、SNSで喫茶店の情報を発信するなどして、その界隈では知られていたため、「村田商會」の存在は口コミで広がっていったそうです。すでに、起業する前に、1章で書いた「信用情報」を積み重ねていたわけです。お店のほうから、村田さんに連絡してくるケースも多く、家具を処分するにもお金がかかるので、無料で引き取れることも珍しくないようです。

村田さんの事例は、ここまでお伝えしてきた方法論に、かなり近しいやり方で生まれた「0円起業」だと思います。

大好きで、信用情報を積み重ねてきたことで、他の人が真似しにくい、25歳のときの「体験」という貴重な情報がトリガーになって、新しい事業が生まれたわけです。

ここまで綺麗にハマるのは珍しいケースかもしれません。でも、自分の棚卸しをすれば、必ずビジネスチャンスの種は見つけられるはずです。種を開花させる能力や情報が不足している可能性はありますが、足りないものが明確になれば、そのための努力もやりやすくなります。


もう一つ、興味深く拝見したのが、2019年4月に大阪にオープンした、賞味期限切れ食品を格安で販売する「eco eat（エコイート）」というお店です。

「eco eat」の代表・高津博司さんは、元々輸入販売の商社に勤めており、その仕事の中で、賞味期限切れ、あるいは賞味期限切れ間近の商品の存在を知り、食品ロスを減らすために、そのような商品を廃棄するのではなく、販売できないかと考え、2015年頃にオンラインショップをオープンしたそうです。

その活動の中で、福祉施設や生活に困窮する家庭への寄付なども行うようになり、2017年にNPO法人「日本もったいない食品センター」を設立。そして、インターネット環境のない方にも、賞味期限切れ食品の格安販売や、寄付を行っていることを知ってもらうために、実店舗をオープンしたそうです。さらに、2019年9月から10月にかけて、大阪・兵庫・高知に三つの新店舗もオープン予定だそうです。

実は「村田商會」さんのことは、編集者さんが教えてくださったのですが、この話を聞いて、私も昔似たようなことに手を出しかけたことを思い出しました。

大学生の頃、ビジネスで成功したくて、色々と手を出していた私は、「せどり」もやっていたことがあります。

そんな中、当時の私は事業のヒントを、当時大流行していたSNSのミクシィで探していたのですが、倒産する書店が蔵書全部を20万円で売る、という情報を見つけて購入したことがあります。

オチとしては、本を引き取ったはいいものの、実家の車庫が埋め尽くされ、これを全部一つ一つ販売するのは無理だ……と私の心が折れ、結局のところ5万円でまとめて販売してしまい、学生時代の借金の一因になってしまったのですが、本に詳しく、大好きな方なら、一冊一冊ヤフオクなどで売るということもでき、より高値の売却が期待できる魅力的な紹介文を書いたりすることもできると思います。メルカリがある今なら、販売もよりやりやすくなっていますよね。

きっと、喫茶店の家具や本以外にも、商品や什器を、「処分に費用をかけるくらいなら、タダでいいのでもらってほしい」と考える閉店間際のお店はたくさんあると思います。

近頃は、ネットショッピングのサービスやアプリも非常に充実しています。みなさんの「好き」と組み合わせることで、何か新しい中古ビジネスの0円起業が生まれるかもしれません。

また、「村田商會」さんや「eco eat」さんの特筆すべき点として、前者は村田さんの大好きな喫茶店の文化を残していきたいという思い、後者は食品ロス削減に寄与しながら、日々の食費に苦労する方々の助けになるなど、ビジネスと志の高い活動を両立されていることが挙げられます。

同じように、「起業をするなら、こんなことをしたい」といった志を持つ方もいると思います。

もしかしたら、そんな方からすると、「0円起業」は単にお金を儲けるアイデアを探すだけの活動に思われるかもしれませんが、でも、そうではなく、経営にはステージがあるので、はじめの一歩として動き出すということに注力してもらえればと思います。

もちろん、最初から事業内容と志が一致することもあるかもしれませんが、私は、そうじゃなくても、ステージが上がることで、事業内容と志が一致するタイミングがあると考えています。

実際、私も最初のうちは、ある程度好きで、得意で、儲かりそうなことなら、こだわりなく色々な事業に手を出していました

そして、その方針自体は今でもあるのですが、自分の棚卸しをしているうちに、「婚活アプリを使った経験はビジネスになるな」とひらめき、自分でもアプリや結婚相談所などの、婚活関係のビジネスをやってみようと思い現在があります。

当時は、アフィリエイト業界も今より儲けやすい時期で、アフィリエイトの事業領域としても婚活関係は悪くないテーマだと思って着手したのですが、ふと、このビジネスが、これから劇的に人口が減っていくと見られている日本社会に、貢献できるものだということに気がつきました。

正直、私は最初、日本の少子高齢化を止めたい、という高い志を持ってスタートしたわけではありませんが、そう気づいたとき、「自分のビジネスで社会の役に立てることがあるんだ」という大きな喜びを感じました。

なので、最初は単に、自分ができそうで、お金を生めそうなビジネスを小さく始めればいいのです。

それを大きく育てることができれば、いつか、自分のビジネスと社会がつながって志が生まれたり、元々持っていた志を果たせるだけの力を持ったりすることだってできます。

婚活情報サイト「ミラコロ」

婚活でがんばっている方向けにいろいろな情報を提供しています。私やスタッフらの実体験と取材に力を入れて「一次情報」を提供している点が、強みとなっています。
https://miracolo.me/

column

アフィリエイトが難しくなった理由

何度か書いてきたように、私はアフィリエイト事業で、経営者として、ある程度は「成功した」と自分で言えるだけの利益を上げることができました。

そして、この本を書こうと最初に思ったときは、アフィリエイトで成功するために押さえてほしいポイントを、これでもかとご紹介するつもりでいました。

自分で結果を出したから、わかることがたくさんある、というのもあるのですが、それ以上に、アフィリエイトは本当におすすめの「0円起業」だったのです。

でも、月日が経ち、そうではなくなってしまいました。詳しいお話は私のサイトもご覧いただきたいのですが、SEOの変動が大きなものとなったのです。

なので、この本ではアフィリエイトのことはかなり省いて再構成しているのですが、アフィリエイト事業が、おすすめの0円起業ではなくなった理由が気になる方もいると思うので、ここで簡単に説明しておきます。

先ほど本編でも説明したように、少し前までのアフィリエイト業界は、SEO対策しか意識していない変なサイトでも、医療系メディア「WELQ」の炎上のように、興味を持って読まれる内容が書かれていないサイトでも評価されるようになっていました。

なので、

・自宅でできるから、地代家賃ゼロ
・規模が大きくなるまでは一人でできるので、人件費ゼロ
・商材を自分で仕入れる必要がないので、商品代ゼロ

という、究極の0円起業のようなものでした。

さらに、ビジネスで成功するかどうかは、ある程度運が絡んだりもしますが、アフィリエイトは「ある程度しっかりとした商材の紹介記事を、コンスタントに量産」できればよかったわけです。

当然、それは簡単ではないですが、そもそもビジネスで成功するにおいて簡単なものはありません。ただ、それでもある程度、文章が書ければよいので、本当に人に勧めやすいネットビジネスでした。


では、なぜそうじゃなくなってしまったのか。

その理由は色々とあるのですが、一番大きいのは、検索エンジンの方針の変化です。

たとえば、ひとつ例を挙げるとすると、2019年5月8日、ヤフーは、アフィリエイトサイトが自サイトに誘導する広告を、6月3日から原則配信禁止にすると発表しました。

実際にアフィリエイトをやっていない人にはピンと来ないかもしれませんが、後々業界で

〝ロクテンサン〟とか語り継がれることになってもおかしくないくらいの大事件でした、これをきっかけに廃業したアフィリエイターも相当いました。うちの会社でもアカウントが停止になったものもあります。

また、これはグーグルも含めての話ですが、近頃どんどん、個人のやっているアフィリエイトサイトが検索上位に表示されなくなりつつあります。

要するに、10年前か5年前はお勧めしやすいものだったのに、「WELQ」の事件以降、アフィリエイトが検索エンジンの中身の方針の変化により難易度の高いビジネスになってしまったのです。

どんな事業も、国の方針などで全てが変わってしまう「上」が大体あるものですよね。

なので、こういうのは正直しょうがないという部分もあります

個人レベルのアフィリエイトサイトが、検索で見つかりにくくなったのも理由があります。

「WELQ」炎上後も、科学的根拠もない、人を騙すような、薬機法などに違反しているサイトをつくったりするような、ダメなアフィリエイターはいなくなりませんでした。

そういうサイトを人力で一つ一つ潰すのは難しいので、十把一絡げで、まともなアフィリエイトサイトも含めて、小規模なサイトの検索結果が変わったと推測しています。検索エンジン側は、「WELQ」の件と同じで、検索結果によって不幸な人が出ることを防ぐためにやっているので、残念ですが理解はできます。

結局、リスクヘッジとしては、一つの事業である程度お金を得ることができたら、少し

違うジャンルで別の事業をやるということが重要かと思います。ここ数か月で、ビジネスを辞めてしまったアフィリエイターは本当にたくさんいます。

ただ、アフィリエイトが完全に稼げないビジネスになった、というわけでもないです。

ヤフーの方針も、あくまで「原則」。私の見る限り、資本金が最低でも1千万円くらいある、「それなりの規模の企業」がやっているサイトについては、広告掲載や検索結果での表示に、それほど変化はなさそうです（2019年8月時点）。実際、弊社もアフィリエイト事業を続けています。

今後考えられる流れとしては、そのような検索エンジンの変化から生き残った企業が、個人の有能なアフィリエイターに場所を提供して、記事などをつくらせる——といったことはあるかもしれません。ユーチューバーが人気になって、UUUMに所属するみたいに、力量のある個人をサポートする場を提供するアフィリエイト企業が出てくる格好です。

とはいえ、これも現状では、という話です。

また検索エンジンの方針が変わって、私の会社もアフィリエイトで収益を上げられなくなる可能性もあります。常に社会の流れを察知して、どんなことがあっても対応できるように備えないといけません。

そういう意味では、これまでのアフィリエイトサイトの形にこだわるよりは、主戦場の幅を広げるほうがベターだと思います。私も、

・フェイスブック

・インスタグラム
・ツイッター
・LINE
・TikTok
・ユーチューブ

などをベースにした広告戦略や、結婚相談所などのリアルビジネスを、色々と検討中です。

それと、最近はスマホアプリの広告市場がどんどん大きくなっています。今後のアフィリエイトでは、面白い企画を動画にするセンスや技術が重要になっていくかもしれません。

ダーウィンが言ったとされる、

「最も強い者が生き残るのではなく、最も賢い者が生き延びるでもない。唯一生き残るのは、変化できる者である」


この名言、私は大好きなのですが、インターネットの広告がゼロになることはありえないので、適切に変化していくことができれば、まだまだやりようはあるかなと思います。

それこそ、辞めた人がたくさんいる＝アフィリエイト事業のライバルが減った、ということも確実に言えることになります。

0円起業事例⑤「インフルエンサーになる」

最後に、すぐになれるものではないですが、究極の「0円起業」だと思うので、インフルエンサーにも触れておきます。

SNSが人気の今の時代、とにかく特別な存在になるのが、一番簡単な成功方法かもしれません。

インフルエンサーと言うと、動画配信をしたり、コラボ商品のプロデュースといった印象を持っている方が多いかもしれませんが、普通のビジネスをするにしても、「何をやるかより、誰がやるか」という観点で見る人が非常に多いので、同じ事業をやるなら、普通の人よりインフルエンサーがやるほうが、圧倒的に成功する確率が上がるはずです。

これまで「インフルエンサー」と呼ばれる人の多くが、SNSから生まれたので、SNSと相性のいい事業で収益化しているインフルエンサーが多いだけで、本当は、どんな事業でも成功できるのではないでしょうか。

ここで大切なのは、ただ単に「ユーチューバー」とか「インスタグラマー」などではなく、「インフルエンサー」になるということです。

1章で触れた「ゆうこす」さんなどは、ユーチューバーやインスタグラマーではなく、インフルエンサーと認識している人のほうが今では多いと思うのですが、両者の違いは、プラットフォームに寄りかかっているかどうか、という点です。

たとえユーチューバーとして成功しても、それで生涯安泰とは言えません。ガイドラインが変わって、アカウントを凍結されてしまう人もいます。

今、ユーチューブやインスタグラムが、インフルエンサーになるために重要なプラットフォームであることは事実ですが、ある程度の知名度を獲得できたら、一つのプラットフォームだけにこだわるのは得策ではないと思います。

色んなプラットフォームに軸足を置いて、プラットフォームよりも自分自身の色を強くしてインフルエンサーになれれば、一つのプラットフォームが不安定になっても、他の場所で収益を上げることも難しくないでしょう。要は見てくれるファンをつくるということです。

では、どうなればいいのか。

とにかく「好き」で「得意」なことを、SNS上で発信し続けるというのが近道です。また、その質と更新頻度が高ければ高いほど、成功の可能性は上がるでしょう。

ただ、そもそも、なるのは簡単ではないので、読者のみなさんに「インフルエンサーになれば0円起業できる！」と言うのは少々強引だろうと、そもそも本書で大きく触れるつもりはありませんでした。

ところが、私の知人の娘さんがインフルエンサーになっていたということもあり、お話を伺ったところ、本書のテーマにも関わってくるエピソードだと思い、取り上げるべきだと考えたのです。

その子は、まだ10代前半の女性でEさんといいます。

Eさんは、中学校二年生から不登校になってしまい、それまでも使っていたツイッターやTｉｋＴｏｋの利用が増えていったそうです。

するとと、元々絵が好きで、ＳＮＳにもアップしていたＥさんの絵を、ほしいという方が現れたそうです。Ｅさんは驚きましたが、親御さんと相談して、メルカリで販売したところ、実際に売れたのです。

メルカリを使えば、発送元や口座番号などの個人情報を知らせずに取引もできます。ネットショップサービスのＢＯＯＴＨも、自分で発送するときに住所などを書かずに利用できます。そのことなどをツイッターなどに投稿し有名になり、今では、１日に20万円の売上を得ることもあるそうです。

Ｅさんも、それまでに積み上げ、ネット上にアップしてきた絵のスキルと信用情報が、ビジネスの原資になっているわけです。

昔なら、直接住所や口座番号を知らせて取引をする中で、トラブルが起こったりする可能性もあったと思いますが、本当に便利な時代になっています。

このように、自分の中で一番力を費やしてきたものを、信用情報を積み重ねながら、さらに伸ばすことができれば、誰しもに必ずビジネスチャンスがある時代だと思います。

これは、商品代ゼロにもつながる話ですが、民泊仲介サイトの「Ａｉｒｂｎｂ」では、現在宿泊だけではなく、「体験」も検索することができます。

「Business Insider」の記事によると、秋葉原を巡るツアーや、新宿の居酒屋ハシゴツアーなど、さまざまな体験が提供されています。まずは試しに、自分がＡｉｒｂｎｂで体験を売るなら、売れるとしたら何か……を考えて、週末起業してみるのも面白いのではないでしょうか。そこに自分をインフルエンサーにできる種が眠っているかもしれません。

たとえば、一例として岐阜県に住んでいて、英語が得意でアニメが好きな方なら、映画『君の名は。』の聖地巡礼ツアーを提供したら、外国人アニメファンからかなりのひき合いがあると思います（すでにやっている方はいそうですが）。

すでに信用情報を積み上げている、有名な酒場のライターさんなら、「スズキナオさんと巡る大阪居酒屋ツアー」、「パリッコさんと巡る東京居酒屋ツアー」とかなら、数万円払っても惜しくないファンの方もいるでしょう。

自分で書いておいて何ですが、この「Ａｉｒｂｎｂで体験を売れるもの」があるかどうか、という考え方は、いい判断基準になると思います。

それがある方は、自分自身を商品にできる、インフルエンサーになれる素質があると言えるように思います。

それがない方は、自分の強みと、別の何かをかけ合わせたビジネスのアイデアを考えるといいと思います。

後者の場合であっても、そうして始めたビジネスで成功することで、「しょぼい起業」を合言葉に活躍し、さまざまなビジネスを手がけ、作家としても活躍されている「えらいてんちょう（矢内東紀）」さんのようにインフルエンサーになることだってできます。

そう考えると、鶏が先か卵が先か、という話にもなりますが、インフルエンサーになるのは難しくても、ビジネスで成功することはそう難しくないのかもしれません。

おわりに

ここまで読んでいただき、ありがとうございます。

繰り返しになりますが、私はみなさんに、ぜひ「0円起業」にチャレンジしてほしいと思っています。

その理由は、そんなに大したことじゃないから。お金持ちになれるかもしれないから。といったポジティブなものと、この先の日本社会が心配。会社で給料をもらい続けるのも難しくなるかも。といったネガティブなものもありますが、どちらにせよ、共通するのは、少し動くだけで人生が、自分が、大きく変わるということです。

私は昔、お金が一番大切だと思っていました。

でも、起業して何年か経ったら、お金より時間が大切だと思うようになりました。

1日が24時間しかないのがもどかしく、時間の使い方の重要性を理解しました。まだまだ未熟者ですが、自分なりに、有名な経営者たちがなぜあんなに時間を大事にしているのかがわかってきました。

もちろんお金も大切ですが、ある程度以上のお金を稼ぐには、時間を大切に、効率よく使うことが必要不可欠で、とにかく時間がほしいと思うようになっていったのです。

そして今は、何よりも時間をともにする人たち、仲間が大切なのだと思うようになりました。

1日24時間で足りないプロジェクトを進めていくには、人の力を借りるしかありません。社員やアルバイト、外注をいつもお願いしている仲間がいるから、私の会社もどうにか成立しています。

仕事や作業を助けてもらうだけではなく、アイデア面でも助けてもらっています。学生アルバイトのみんなには、自分の知らない世界の情報をたくさん教えてもらっています。

私と同じようにビジネスをしている経営者仲間にも、いつも助けられています。自分がビジネスを続けられているのも、彼ら彼女らとの情報交換やアイデアの提供があってこそです。

もちろんこの本も、人の助けなしにはできませんでした。

クロスメディア・グループの菅一行さんら、版元の関係者のみなさん、本当にありがとうございます。

いつも助けてくれる会社スタッフのみんなや仲間、家族にも、心からの感謝を捧げます。

自分の大切だと思っていたものの認識が変わるのは、凄いことです。

文字通り、世界が変わるような衝撃があって、自分の殻を破れて、大きくなるような感覚があります。

これは、起業しなければ、決して得られなかった感覚です。

厳密に言えば、起業して、ビジネスである程度は成功することができたから――なのですが、それは何度も言うように、本当に特別なことではないのです。

努力を続け、自分を成長させることができれば、いつか、ビジネスで成功できるところまで、レベルアップできるときが来ます。

ただ、そのためには、経験値を得られるだけのチャレンジや勉強を続けないといけません。ですから、失敗をしたら、経済的に全てを失ってしまう事業をしたり、今せっかくある、定期収入を得られる仕事を辞めるべきではありません。

ぜひみなさんも、「0円起業」で好きだと思えるビジネスにチャレンジして、サッカー選手のように、最初はお金にならなくても、真摯に学び、ビジネスに打ち込んでみてください。

いつか、急に、みなさんの能力が、お金になる瞬間が来ます。

サッカーのフェイントの技術や、自転車の乗り方、ギターのうまく押さえられなかったコードなどにも言えることですが、できるようになる瞬間というのは階段状で、あるとき、いきなり訪れます。

どうか、その段を上がれるようになるまで、がんばってみてください。

そうして階段を上がったみなさんと、ビジネスの現場でお会いすることができることを願っています。

2019年9月
有薗隼人

ださったみなさまに、
用意しております！

特典
❷
著者が実際に使っている
「情報」や「ビジネスアイデア」の
整理に使っているワークシート

以上の特典3つをプレゼントいたします！
本書の感想とともに下記フォームよりご申請ください！

読者特典
お申込みはこちら

アフィリエイト
情報サイト
「アフィマニ」

婚活情報サイト
「ミラコロ」

※読者特典は予告なく終了する場合がございます。

本書を手に取ってく
素敵な特典をご

特典❶

本書に載せきれなかった
「0円起業」アイデア集

特典❸

スペシャルセミナーへの
ご優待券

有効期限　年　月　日

合わせて、本書でもご紹介した
運営サイトもご覧ください。

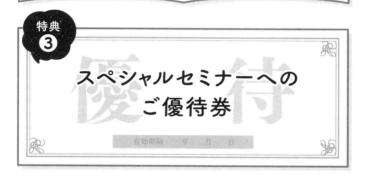

【著者略歴】

有薗隼人（ありぞの・はやと）

1984年東京都生まれ。青山学院大学文学部教育学科（現教育人間科学部）卒業後、GMOインターネット株式会社にて、インターネット広告の営業を担当し、月間トップの営業成績をおさめるなど活躍。2011年、株式会社GEARを設立。自社のメディア運営、サイト売買の仲介、婚活関連ビジネスなどを事業としている。

働《はたら》きながら小《ちい》さく始《はじ》めて大《おお》きく稼《かせ》ぐ　0《ぜろ》円《えん》起《き》業《ぎょう》

2019年10月 1日初版発行
2020年 2月10日第2刷発行

発行　**株式会社クロスメディア・パブリッシング**

発行者　小早川幸一郎
〒151-0051　東京都渋谷区千駄ヶ谷4-20-3 東栄神宮外苑ビル
http://www.cm-publishing.co.jp

■本の内容に関するお問い合わせ先 ……TEL (03)5413-3140／FAX (03)5413-3141

発売　**株式会社インプレス**

〒101-0051　東京都千代田区神田神保町一丁目105番地

■乱丁本・落丁本などのお問い合わせ先 …… TEL (03)6837-5016／FAX (03)6837-5023
service@impress.co.jp
（受付時間　10:00～12:00、13:00～17:00　土日・祝日を除く）
※古書店で購入されたものについてはお取り替えできません

■書店／販売店のご注文窓口
株式会社インプレス　受注センター …… TEL (048)449-8040／FAX (048)449-8041
株式会社インプレス　出版営業部 …… TEL (03)6837-4635

カバー・本文デザイン　安賀裕子
校正・校閲　konoha
ISBN 978-4-295-40326-5 C2034

印刷・製本　株式会社シナノ